Neue
Kleine Bibliothek 116

WERNER BIERMANN
ARNO KLÖNNE

Objekt der Gier

Der Iran, der Nahe und Mittlere Osten und Zentralasien

PapyRossa Verlag

Luxemburger Str. 202, D–50937 Köln
Tel.: ++49 (0) 221 – 44 85 45
Fax: ++49 (0) 221 – 44 43 05
E-Mail: mail@papyrossa.de
Internet: www.papyrossa.de

Umschlag: Willi Hölzel
Druck: Interpress

Die Deutsche Bibliothek verzeichnet diese Publikation in der Deutschen Nationalbibliografie; detaillierte bibliografische Daten sind im Internet über http://dnb.ddb.de abrufbar

ISBN 3-89438-354-2
ab 1.1.2007: 978-89438-354-1

Inhalt

Einleitung

An Erdöl und Erdgas läßt sich prächtig verdienen – aber während die Nachfrage zunimmt, spitzt sich die Frage zu, wie lange die Vorräte reichen. Das regt die Verteilungskämpfe an. Da scheinen die USA die besten Karten zu haben – noch. Robuste militärische Zugriffe im Nahen Osten geben gegenwärtig dem Geschäftsinteresse ihrer Energiekonzerne Rückhalt. Einem ungehemmten Agieren der Vereinigten Staaten sind jedoch Grenzen gesetzt. Das wiedererstarkte Rußland setzt auf seine Öl- und Gasressourcen und auch auf den militärisch-industriellen Komplex. Es meldet Ansprüche auf schon verloren geglaubte Positionen rund ums Kaspische Meer und in Zentralasien an. China, der neue Pol der Weltwirtschaft, kann seinen Aufschwung nur fortsetzen, wenn es ausreichend mit Energie versorgt ist, die es importieren muß. Daher das chinesische Bemühen, langfristige Versorgung geopolitisch sicherzustellen. Die kommende Weltmacht Indien ist mit in diesem Spiel.

Und dann der Iran – die USA haben ihn als fette Beute im Visier und stoßen dabei auf Konkurrenten. Im Machtkampf um Energieressourcen werden zur Zeit die Fronten neu abgesteckt, die Protagonisten beziehen ihre Stellungen, der Aufmarsch beginnt.

US-Verteidigungsminister Rumsfeld sprach unlängst Klartext: Die Militäraktionen im Irak und Afghanistan seien notwendig, um die vom Iran ausgehenden Gefahren einzudämmen. Damit machte einer der einflußreichsten Männer in der Regierung Bush deutlich, daß an einen umfassenden Rückzug der US-Armee aus den beiden besetzten Ländern nicht zu denken sei. Das hatte vor einiger Zeit noch ganz anders geklungen; da wurden Militäreinsätze als Mittel zum Regime Change gerechtfertigt; sobald Demokratie und Marktwirtschaft etabliert seien, würde die US-Army abrücken, so jedenfalls die offiziellen Verlautbarungen.

Wie der Vater, so der Sohn: Beim zweiten Golfkrieg 1990/91 hatte Bush Senior versprochen, ›unser Zweck ist rein kurzfristig‹, die US-Streitkräfte würden nach Abschluß der Kampfhandlungen abziehen. Das Gegenteil war der Fall. Das Militär blieb auf Dauer in der Region, seine Stärke wurde aufgestockt, die Zahl der Militärstützpunkte erhöht. Und jetzt spricht alles dafür, daß die US-amerikanische Politik die unterstellte Bedrohung, die von einer iranischen Atombombe ausgehen könnte, zum Anlaß nimmt, ihr eigentliches Ziel, nämlich die Vorherrschaft über die Ölvorkommen in Nah- und Mittelost, um so energischer voranzutreiben. Kurioserweise fühlt sich das doch geographisch weit abliegende Washington von einer iranischen Bombe, so es sie denn überhaupt geben wird, bedroht, während die arabischen Nachbarstaaten des Iran das völlig anders sehen.

In der gegenwärtigen Lage scheint es schwer verständlich, daß die Vereinigten Staaten angesichts ihrer heftigen Schwierigkeiten im Irak zu einem neuen Feldzug rüsten; ebenso rätselhaft ist hierbei die Haltung der Europäischen Union, die nun die Bush-Regierung vorbehaltlos unterstützt, obwohl die völkerrechtliche Lage heute mindestens so fragwürdig ist wie im Jahr 2003 und obwohl die Aussichten eines Militärschlages gegen den Iran von den meisten Experten als eher schlecht eingeschätzt werden. Wie ist der Sinneswandel zu erklären?

Die Antwort: Es gibt keinen! Der momentane Konsens der westlichen Staaten in der Iran-Politik verdeckt Bruchstellen, die es schon seit längerem gibt. Es waren EU-Staaten, die das aktuelle ›Iran-Problem‹ aufwarfen, nicht die Vereinigten Staaten. Absicht war, auf diesem Weg die eigene Position in der Region auszubauen, den Iran auf diplomatische Weise zum Einlenken zu zwingen und gleichzeitig über ökonomische Mittel dort eine Dominanz zu entwickeln, von der die USA ausgeschlossen wären. Offenbar bewertete die EU die US-Politik im Irak als den Versuch, dort eine Quasi-Kolonie zu errichten, um dann in einem nächsten Schritt den Iran zu unterwerfen. Damit würde die Europäische Union aus dem Mittleren Osten hinausgedrängt. Inzwischen glaubt aber niemand mehr ernsthaft, daß es den USA gelingen könnte, den Irak zu kolonialisieren. Im Jahr 2003 sah dies anders aus. Es ist daher kein Zufall, daß damals Frankreich und die Bundesrepublik Verhandlungen mit der iranischen Regierung aufnahmen, um ihre Einflußnahme zu sichern. Das geschah unabhängig vom US-amerikanischen Vorgehen im Irak. Wäre das US-Kalkül aufgegangen, an Euphrat und Tigris eine stabile Kolonie zu implantieren, gäbe es heute ein ›neues Europa‹, die US-hörigen Klienten, und ein gegenüber den USA distanziertes ›altes Europa‹, was die EU als Akteur auf der internationalen Bühne erheblich beschädigt hätte. Es kam bekanntlich anders als im Drehbuch der Bush-Regierung vorgesehen.

Die europäische Verhandlungspolitik mit dem Iran hatte vor dem Hintergrund der wachsenden Schwierigkeiten der Vereinigten Staaten das Ziel, den Iran als eigene Karte im Spiel zu halten, dort eine eigene Hegemonie durchzusetzen. Ein Erfolg dieser Strategie hätte die europäische Position im Mittleren Osten immens aufgebessert. Im Gegensatz zum offen aggressiven US-Imperialismus pflegt die EU die behutsamere, mehr wirtschaftlich ausgerichtete Variante der Machtpolitik. Europa benötigt dringend einen gesicherten Zugang zu Öl- und Gasvorkommen; Deutschland als wirtschaftliches Zentrum der EU ist auf auswärtige Märkte, Ressourcen und billige Arbeitskräfte angewiesen. Beabsichtigt war, in der Region einen Wall zu errichten, der die EU vor dem sich abzeichnenden US-Fiasko im Irak schützen soll. Vor diesem Hintergrund unterbreitete Brüssel ein Angebot an Teheran, das auf Partnerschaft und nicht Regimewechsel angelegt war, das Zusammenarbeit vorsah statt Sanktionen und Militärschläge – aber immer mit dem Ziel, den Iran in Abhängigkeit zu bringen.

Im Sommer 2003 nahm die E3-Gruppe (Frankreich, Großbritannien und die Bundesrepublik) Verhandlungen mit dem Iran auf; es ging um die problematischen Seiten des iranischen Atomprogramms. Im Herbst desselben Jahres unterzeichnete Teheran ein freiwilliges Zusatzprotokoll zum Atomwaffensperrvertrag, das unangemeldete Inspektionen der IAEA (International Atomic Energy Agency) billigte. Dies geschah mit Blick auf eine Übereinkunft, die im November 2004 vorgelegt wurde. Das sogenannte Pariser Abkommen beinhaltete eine Fortsetzung der Verhandlungen hin zu einem Vertrag, der den weiteren Umgang mit der Nukleartechnologie im Iran regeln sollte. Gleichzeitig sollten konkrete Vorschläge der EU zu einer euro-iranischen Zusammenarbeit ausgearbeitet werden. Diese blieben jedoch aus, so daß die neue iranische Regierung Anfang August 2005 die Wiederaufnahme der Urananreicherung verkündete. Die E3 reagierten mit der Drohung, den UN-Sicherheitsrat anzurufen, baten aber die iranische Regierung um etwas Geduld, Vorschläge zur weiteren Zusammenarbeit betreffend. Die kurz danach unterbreitete Offerte wurde von iranischer Seite als unannehmbar und sogar beleidigend abgelehnt. Von den anfangs versprochenen Sicherheitsgarantien war nun keine Rede mehr, jedoch sehr viel von Handel und Investitionen und der Hilfe der EU, um den Iran fit zu machen für die Wiedereingliederung in den Weltmarkt im Rahmen des Welthandelsabkommens, dem das Land bislang nicht angehörte. Vom Iran wurden als Gegenleistung wirtschaftliche Konzessionen gefordert, vor allem Erdöl und -gas betreffend. Die europäische Taktik war offenbar von dem Gedanken bestimmt, daß der Iran angesichts der aggressiven Haltung der USA das kleinere Übel wählen würde, also den Weg zum EU-Protektorat. Offenkundig wurde dies in der EU-Erklärung vom 12. Januar 2006: »Die Europäer verhandelten in gutem Glauben. Im vergangenen August unterbreiteten wir Vorschläge für wirtschaftliche, politische und militärische Zusammenarbeit, die die günstigsten sind, die der Iran seit der Revolution erhalten hatte«. (Melanie Amann, ›EU verschärft Konflikt mit Iran‹, *FTD* vom 13.01.2006) Der Hinweis auf militärische Zusammenarbeit sollte wohl den vom Iran geforderten Sicherheitsgarantien entgegenkommen; in einem Kommentar der *Washington Post* vom 6. August 2005 wurde dazu ausgeführt: »Der Iran hatte erwartet, gestützt auf frühere Äußerungen der Europäer, daß die Vorschläge Sicherheitsgarantien enthalten würden, die den Iran vor künftigen militärischen Absichten der USA schützen würden, denn das Land hat nun US-Truppen an seinen Grenzen zum Irak und Afghanistan. Aber die Europäer konnten nur begrenzte Garantien anbieten, aber keine hinsichtlich der Vereinigten Staaten«.

Die Rechnung der EU, die Schwäche der USA zu einem Alleingang nutzen zu können, ging nicht auf, weil für eine solche Politik die Grundlagen fehlten. Nun wurde der Versuch gestartet, durch Androhung eines US-Militärschlages den Iran gefügig zu stimmen. Auch dies scheiterte, weil die USA dabei nicht mitspielten. Die Erklärungen der Bush-Regierung fielen zunächst halbherzig aus. Aber die von der EU inszenierte Irankrise zwingt die USA auf absehbare Zeit zum Handeln. Es geht dabei um den Zugriff auf Öl, daneben um die geplante iranische Ölbörse auf Euro-Basis. Im Zentrum steht allerdings die Durchsetzung US-amerikanischer Hegemonie vor dem Hintergrund weltweit wachsender Instabilitäten und Rivalitäten mit der EU und der aufsteigenden Großmacht China. Es geht den USA nicht darum, den Iran territorial in Besitz zu nehmen, sondern zu verhindern, daß dieses wichtige Land unter die Vormacht der EU oder Chinas gerät.

Der Iran ist zum Objekt der Gier geworden wegen seiner großen Erdöl- und -gasressourcen. Diese zu vereinnahmen, ist ein verlockendes Ziel mit Aussicht auf üppige Profite. Wie schon beim ersten Versuch vor mehr als fünfzig Jahren, können die US-Ölgesellschaften auch dieses Mal mit einer vorbehaltlosen Unterstützung Washingtons rechnen. Allerdings trat die Regierung Bush erst dann massiv auf den Plan, als die EU mit ihrer Politik gegenüber dem Iran nicht so recht voran kam; unklar bleibt, ob die deutsche Bundesregierung diese Politik hintertrieb mit Blick auf eine Wiederannäherung an Washington und ob die britische Regierung eine eher destruktive Haltung einnahm im Interesse der eigenen Energiekonzerne, die so wie im Irak die übrige europäische Konkurrenz ausstechen wollen. In den USA läuft alles wie geschmiert, denn die Regierenden vom Präsidenten abwärts sind auf vielfältige Weise – vom lukrativen Aufsichtsratsposten bis hin zur Wahlkampffinanzierung – der Ölindustrie verpflichtet. Der Öffentlichkeit gegenüber wird diese Politik als notwendig für nationale Interessen ausgegeben, gemeint ist damit die gesicherte Versorgung mit Treibstoff bei günstigen Preisen für eine energiesüchtige Gesellschaft. Diese setzt eine Umstrukturierung im Ölweltmarkt voraus, um die Macht des Produzentenkartells zu brechen. Ein wichtiges Etappenziel war dabei die Kolonialisierung des Irak. Die bis 2003 staatliche Ölindustrie des Landes geriet in die Hände der US-Gesellschaften; früher eingegangene Verträge mit Konkurrenzfirmen wurden für nichtig erklärt. Die durch die US-Armee geschaffene neue Pfründe hat weitreichende Folgen für das internationale Ölgeschäft: Mit dem Irak scheidet einer der Großproduzenten der OPEC aus;

das Kartell wird an Einfluß verlieren, die Regie des Handelns wird auf die US-Konzerne übergehen. Ferner steht zu erwarten, daß die langfristige Energieversorgung der Vereinigten Staaten durch Irak-Importe gesichert wird bei vergleichsweise moderaten Preisen für die US-amerikanischen Konsumenten: Im ›nationalen Interesse‹ – davon ist auszugehen – sichern sich die Ölgesellschaften ihre Profite, indem sie Gewinnentgang am US-Binnenmarkt durch überhöhte Preise anderswo kompensieren. Das Manko ist gegenwärtig die höchst instabile politische Lage im Irak, die eine Modernisierung der Ölförderanlagen erschwert. Die Produktion liegt weit unterhalb des Vorkriegsniveaus. Gegenwärtig wird in der internationalen Öffentlichkeit von einem Bürgerkrieg im Irak gesprochen, von einer möglichen Niederlage der US-Armee, vom Abzug der Besatzungsarmee. Zur Klarstellung: Es gibt im Irak keine legitimierte Regierung, sondern bestenfalls eine Pseudoregierung von Washingtons Gnaden; deshalb handelt es sich hier um einen völkerrechtlich legitimen Widerstand gegen eine illegitime Besatzung. Bei der Einschätzung der militärischen Lage wird aber übersehen – möglicherweise von den meinungssteuernden Medienkonzerne so beabsichtigt –, daß die USA ihr eigentliches Kriegsziel längst erreicht haben, nämlich die Einvernahme der Ölvorkommen. Der militärische Teil dieser Rechnung ist aufgegangen: Der Ausbau von Stützpunkten ist mittlerweile abgeschlossen. Sie gelten als uneinnehmbar, geht man von den militärischen Gegebenheiten aus. Das bedeutet nicht anderes, als daß die Vereinigten Staaten auf Dauer in dem Lande präsent sein werden und von ihren Basen aus die von ihnen gewünschte kontrollierende Macht ausüben werden. Gegen diese Interessen der USA ist im Irak auf lange Sicht keine Politik möglich. Dem weitergesteckten Ziel, über den Irak den Ölweltmarkt zu dominieren, ist die US-Machtelite ein Stück weit näher gekommen. Da bietet es sich an, das Augenmerk nun auf den Iran zu lenken.

Gelänge es, auch dieses Land gefügig zu machen, also die Ölproduktion in US-Regie zu betreiben, wäre die OPEC in der Tat obsolet. Diese Perspektive ist für die Machteliten in den USA verlockend, aber die Risiken sind hoch.

Kontra Iran: Transatlantische Harmonie

Die jetzige deutsche Bundesregierung unterstützt die Politik der Vereinigten Staaten vorbehaltlos. Das zeigte die Konferenz für Sicherheitspolitik 2006 in München. Die Bundeskanzlerin wörtlich:

»Aus den symmetrischen Bedrohungen des Kalten Krieges sind asymmetrische Bedrohungen völlig neuer Art geworden: Die Erosion staatlicher Strukturen, Terrorismus, Massenvernichtungswaffen in den Händen unzuverlässiger Regime... Dieser Situation müssen wir uns stellen... Das wiedervereinte Deutschland ist bereit, in diesem Rahmen Verantwortung zu übernehmen und auch vermehrt Verantwortung zu übernehmen, und zwar über das eigentliche Bündnisgebiet hinaus.« Frau Merkel bezog sich in ihrer Rede ausdrücklich auf die National Security Strategy der USA, die militärische Präventivschläge vorsieht und zur Rechtfertigung des Irakkriegs diente. Zusammen mit der Europäischen Sicherheitsstrategie und dem Strategischen Konzept der NATO bilde diese »eine geeignete Grundlage für einen vertieften Dialog über die weitere Gestaltung unserer gemeinsamen Sicherheitsagenda«. Es gebe dabei »ein erstaunliches Maß an Übereinstimmung« zwischen den drei Strategien: »hochinteressant, daß sich die Dinge in eine gemeinsame Richtung entwickeln«. Die Möglichkeiten der Vereinten Nationen und das Prinzip des Völkerrechts fanden bei der Kanzlerin überhaupt keine Beachtung.

Die deutsche Presse war hellauf begeistert; dazu einige Leseproben:

Die Zeit: »Im Gegensatz zu ihrem Amtsvorgänger läßt die Kanzlerin wenig Zweifel daran, wo die Bundesrepublik hingehöre in der neuen Weltordnung. In den Westen. Ganz altmodisch.« *Die Welt*: »Mit Merkels Rede und Replik scheint sich Deutschland nun festgelegt zu haben – eng an der Seite der

USA, deren Verteidigungsminister Donald Rumsfeld später die militärische Option ausdrücklich erwähnt und in Betracht zieht.« Die *FAZ*: »Die klaren Worte, die die Bundeskanzlerin in München zu Iran und zu den antiisraelischen Äußerungen seines Präsidenten fand, hat bei den Amerikanern die Überzeugung gestärkt, daß diesmal die Deutschen bei einem robusten, nicht notwendigerweise militärischen Vorgehen an ihrer Seite sein werden.« Die *Süddeutsche Zeitung*: »Die Münchener Sicherheitskonferenz bot den wohl augenfälligsten Beleg für diese neue Harmonie. Das transatlantische Sicherheitsgeflecht ist nicht mehr nur mit sich selbst beschäftigt, es sieht sich einer neuen Bedrohung gegenüber und justiert seine Aufmerksamkeit... Die irritierende Bedrohung durch den islamischen Fundamentalismus hat nun den Trend zur neuen Geschlossenheit beschleunigt.«

Der Iran ist über wirtschaftliche Belange hinaus ein bedeutendes geopolitisches Objekt:

- Er ist derzeit die stärkste Bastion gegen die US-Vorherrschaft im Nahen Osten; sie einzunehmen, würde Washington freies Spiel geben.
- Er bildet in strategischer Hinsicht das Scharnier zu Eurasien, wie man den Großraum vom Kaukasus bis Zentralasien auch bezeichnet. Ein Klientenstaat Iran böte den USA die Möglichkeit, robusten Einfluß in dieser Region zu praktizieren und die hier agierenden Großmächte Rußland und China auf den zweiten Rang zu verweisen.

Man soll, sagt das Sprichwort, die Rechnung niemals ohne den Wirt machen. Im machtpolitischen Diskurs wird der Nahe Osten als US-amerikanischer Herrschaftsraum gesehen. Richtig ist, daß es gegenwärtig keine Macht gibt, die hier in ernsthafte Konkurrenz zu den Vereinigten Staaten treten könnte. Allerdings ist die Basis, auf der die US-Position in der Region beruht, äußerst brüchig. Die Klienten-Regimes wie Saudi Arabien, Ägypten, Jordanien regieren mit autoritären Methoden, die gegenwärtig gerade noch ausreichen, die Kollateralschäden der Globalisierung (Massenverelendung, Ausdünnung der Mittelschichten) zu bändigen. Ihnen stehen neue Oppositionsbewegungen entgegen, die, von der westlichen Modernisierungspolitik enttäuscht, einen Ausweg in traditional-islamischen Gesellschaftsmodellen suchen. Diese Bewegungen gewinnen an Zulauf, sie sind dabei, da es kein überzeugendes alternatives Politikangebot gibt, Massen für sich zu gewinnen. Wahrscheinlich können sie auf absehbare Zeit kaum noch vom Griff nach der Macht ferngehalten werden. Ägypten ist hierfür ein hervorstechendes Beispiel. Derartige Umwälzungen würden die Machtarchitektur in der Region verändern, da ihnen mit rein militärischen Mitteln kaum beizukommen ist. China, aber auch Rußland, sind Großmächte, die vorrangig in Eurasien wirtschaftliche und strategische Interessen anmelden. Rußland hat den neo-liberalen Kahlschlag unter Jelzin in erstaunlich kurzer Zeit überwunden. Niemand nimmt ernsthaft an, daß die gewandelten politischen Eliten dort – vom üblichen Taktieren abgesehen – den USA anders als äußerst skeptisch gegenübertreten. Die Arrondierung der politischen Landkarte Eurasiens besitzt einen hohen Stellenwert auf der politischen Agenda Rußlands. Und die kapitalkräftigen halbstaatlichen Energiekonzerne spielen hierbei eine wichtige Rolle. Rußland kommt dabei entgegen, daß in der eurasischen Region gewandelte ex-sowjetische Eliten noch weitgehend an der Macht sind. Das durch den Zusammenbruch der Sowjetunion entstandene Machtvakuum konnte von den USA auf Dauer nicht ausgefüllt werden, was grundsätzliche Fragen nach der methodischen Effizienz US-amerikanischer Herrschaftsgestaltung aufwirft.

China hingegen ist in einer machtpolitisch günstigen Situation. Es ist auf dem Weg zu einer Wirtschaftsgroßmacht, die einen großen Binnenmarkt kontrolliert, der Umbau von der Staatswirtschaft hin zu einer ›mixed economy‹, die staats- und privatwirtschaftliche Elemente vereint, scheint vollzogen zu sein. China verfügt mittels eines geschickten ›Globalisierungsmanagements‹ über die weltweit größten Devisenbestände an US-Dollars, die im Konfliktfall gegen die Vereinigten Staaten in die Waagschale geworfen werden können. Die Führung in Peking kann abwarten.

Die Vereinigten Staaten agieren von einer vermeintlich geschwächten Position aus; die Kriegsverläufe im Irak und in Afghanistan und die Abhängigkeit vom Ölweltmarkt, den sie zur Finanzierung ihrer immensen laufenden Verschuldung unter Kuratel halten wollen, sind hierfür Anzeichen, die aber von Washington verdrängt werden. Tatsächlich können die USA ihre wichtigste Trumpfkarte ausspielen, ihre haushohe militärische Überlegenheit; hier drängt sich der Vergleich zu einem pyromanischen Feuerwehrmann auf, der Feuer legt, um seine Präsenz zu begründen, und gleichzeitig verhindert, daß andere seinen Platz einnehmen. Je instabiler der Nahe und Mittlere Osten wird, desto schwieriger wird es aber auch für Rußland, China und die EU, ihre regionalen Interessen umzusetzen. Die USA haben vermutlich den Höhepunkt ihrer globalen Macht überschritten, sie sind aber immer noch die stärkste Macht, die nun alles daran setzt, diesen Platz zu sichern – eine brandgefährliche Lage.

Kapitel 1
Alles unter Kontrolle? Das Risikospiel um Weltmacht

US-Außenministerin Rice verkündete jüngst, der Iran stelle die größte Bedrohung für die Vereinigten Staaten dar. Ein Staat im Nahen Osten, dessen einziger Reichtum seine Energievorkommen sind und dessen Bevölkerung größtenteils in bitterer Armut lebt, soll eine Herausforderung für das mächtigste Land der Welt sein?

Vor fünfzig Jahren nahm sich der Vorgänger von Frau Rice des Iran-Problems auf andere Weise an: Weil die damalige iranische Regierung die Ölindustrie des Landes nationalisiert hatte und den anglo-amerikanischen Konzernen damit ein hübsches Geschäft zu entgleiten drohte, beauftragte Außenminister John Foster Dulles den US-Geheimdienst, ›Regime change‹ herbeizuführen. Benötigt wurde dabei nicht die US-Army, es genügten eine Handvoll Spezialisten und mehrere Koffer voll US-Dollars. Der Sturz einer demokratisch gewählten Regierung gelang.

Das ist heute nicht mehr möglich. Die Kräfteverhältnisse haben sich verändert. Eine weltweite Machtverschiebung ist im Gange: In den zurückliegenden fünfzehn Jahren ist China zu einer Großmacht aufgestiegen, Indien scheint jetzt nachzuziehen. Beide Staaten, die ökonomisch so erfolgreich sind, haben westliche Ansichten widerlegt, daß Entwicklung ausschließlich entlang der vom klassischen Modell der kapitalistischen Marktwirtschaft vorgezeichneten Linie möglich sei. So funktioniert der ›modifizierte Maoismus‹, wie man die allmähliche Transformation der Staatswirtschaft in China bezeichnen könnte, nach eigenen Regeln. Dauerhafte Wachstumsraten von acht Prozent liefern hierfür einen eindrucksvollen Beleg. Grundlagen bilden politische Strukturen und Institutionen, die nicht unbedingt den westlichen Vorstellungen einer liberalen Gesellschaft entsprechen, jedoch den historischen Besonderheiten und der spezifischen Kultur entstammen und deshalb konsensfähig und offenbar sehr effizient sind.

Dieser dynamische Sektor der Weltwirtschaft und globale Wachstumspol hat eigene Entwicklungsmuster. Dies wird die weltweiten

Machtverhältnisse weiter verändern. Die Formierung eines unipolaren Systems, also einer US-Globalhegemonie, wie sie nach 1992 eingeleitet wurde, wird keinen Bestand haben – die Rückkehr zur Multipolarität steht bevor. Es zeichnet sich ab, daß die Vereinigten Staaten, die Europäische Union, China, Indien, Rußland und Japan bestimmende Faktoren sein werden. Die USA sind diejenige Macht, die dabei am meisten zu verlieren hat. Verständlicherweise, macht man sich den Standpunkt der US-Machteliten zu eigen, wird nun das aktuell effizienteste Mittel in den Vordergrund gestellt – die militärische Übermacht, um den Prozeß der Machtumschichtung zu stoppen. Solange noch die Möglichkeit besteht, gehen die Vereinigten Staaten daran, Fakten durch Krieg zu schaffen. Die Eroberung Afghanistans und des Irak geben davon Zeugnis. Die militärische Drohkulisse gegenüber dem Iran stellt den Versuch dar, weiteres Terrain zu gewinnen immer mit Blick auf die kommenden Konflikte mit den Rivalen in Lauerstellung.

Geopolitische Strategien der USA

Geopolitik als wissenschaftliche Sichtweise wird oft in einen Zusammenhang gestellt mit den Weltherrschaftsplänen der Nazis. Im gängigen politiktheoretischen Diskurs wird sie als altmodisch und obsolet angesehen. Jedoch zeigt sich, daß geopolitische Kernelemente, nämlich die Beherrschung von Räumen als Voraussetzung für die Ausübung von Herrschaft, tief in der US-amerikanischen Machtpolitik verwurzelt sind.

Erinnert sei hier an die Dominotheorie; sie postulierte, daß Länder wie Korea und Südvietnam unter allen Umständen im US-Machtorbit gehalten werden müßten, da ihr Verlust automatisch die US-amerikanischen Interessen in Asien (Japan, Philippinen, Indonesien) gefährde. Das Denken in Raum- und Machtzusammenhängen ist prägend für die Politik der Vereinigten Staaten. Zwar wurde der sogenannte Kalte Krieg vorwiegend als eine ideologische Auseinandersetzung in Szene gesetzt, die Realpolitik aber hatte einen anderen

Charakter: Das Hauptmotiv war, daß die USA die Ölvorkommen des Nahen Ostens im Interesse ihrer Weltmachtstellung kontrollieren wollten. Die Truman-, die Eisenhower- und die Carterdoktrin spiegeln dies wider. Ähnliches gilt für das südliche Afrika, wo sämtliche US-Regierungen mit dem Blick auf die als strategisch interessant angesehenen Rohstoffe das Apartheidregime in Südafrika rückhaltlos unterstützten.

Der Untergang der UdSSR bot der politischen Elite Washingtons die Chance zu einer entfesselten Weltmachtpolitik, bei der sie mit vergleichsweise geringem Risiko ihre Vorstellungen umsetzen konnte. Es zeigt sich hier, daß geopolitische Muster die Handlungsweise prägten und auch gegenwärtig bestimmen. Im Zentrum der US-amerikanischen Aktivitäten steht die Kontrolle über die Randzonen des sogenannten eurasischen Kernlandes. Damit sind Europa, Nah- und Mittelost und der pazifische Küstensaum gemeint. Was Westeuropa angeht, wird dabei unterstellt, daß diese Region unter US-amerikanischer Kontrolle stehe oder momentan von geringer Bedeutung sei. Eine derartige kontrollierte Macht der USA existiert beim Versatzstück Naher und Mittlerer Osten allerdings noch nicht. Hier nun verbinden sich zwei wesentliche Komponenten. Die Raumkontrolle durch die USA würde weit in das eurasische Kernland ausstrahlen und dadurch die Formierung einer neuen Großmacht, sei es China oder ein wiedererstarktes Rußland, unterbinden und zugleich die Herrschaft über die knappe Ressource Erdöl sichern und damit in der Weltökonomie zur Machtfestigung der USA beitragen.

Die Vereinigten Staaten haben seit den neunziger Jahren den Ausbau ihrer strategischen Positionen zügig in Angriff genommen. Der »11. September« hat dies lediglich beschleunigt. Die unverhohlene Absicht, bei der Verwirklichung dieser Ziele schiere Gewalt anzuwenden und das Völkerrecht auszuhebeln, zeigt sich am Konzept des Präventivschlages und an den Details der Anfang 2006 vorgelegten neuen Militärstrategie.

Militärbasen. Am Ende des Kalten Krieges sahen sich die Vereinigten Staaten einem wachsenden Wettbewerb der Wirtschaftsblöcke EU und

Ostasien gegenüber, und dies bei sinkender eigener Wirtschaftskraft. Die US-Militärinterventionen in den 1990er Jahren stellten auch den Versuch dar, ökonomische Rivalen zurückzudrängen und für marktwirtschaftliche Erschließung offene Staaten des untergegangenen Ostblocks an sich zu binden. Die Welle der US-amerikanischen Interventionen führte zu einem neuen Gürtel von Militärbasen an strategisch wichtigen Plätzen. Offensichtliches Ziel war und ist es, die militärische Vorherrschaft auszunutzen, um diese Regionen dem Dollarblock einzuverleiben, damit die eigene Währungszone vornehmlich gegenüber Euro und Yen auszudehnen und neue Profitquellen für den ›Wall Street-Komplex‹ zu erschließen.

Die neuen Stützpunkte wurden nicht etwa notgedrungen angelegt, um eigene Militäreinheiten zu schützen, sondern die Einrichtung solcher ›Militäretablissements‹ war Bestandteil einer systematischen Politik der Intervention.

Unter geopolitischen Aspekten fällt auf, daß die in der jüngsten Vergangenheit errichteten US-Stützpunkte sich entlang einer Linie Balkan-Pakistan erstrecken. Dies deutet darauf hin, daß es den Vereinigten Staaten gelungen ist, in die Landverbindungen zwischen EU-Europa, dem neuen Rußland und China Schneisen zu schlagen, frühzeitig auch Kontrollposten zwischen diese Regionen zu setzen und EU-Europa zu isolieren. Ein weiteres Motiv war offenbar, eine US-amerikanische Kontrolle der Ölfelder im Nahen Osten noch dichter zu machen. Die USA importieren zur Zeit nur einen geringen Teil ihres Ölbedarfs aus dem Nahen Osten, anders als die Volkswirtschaften Europas und Japans. Die USA kontrollieren jedoch in dieser Region auf militärische Weise Erdölproduktion und -transport und nehmen so Einfluß auf die Energieversorgung ihrer in wirtschaftlicher Hinsicht wichtigsten Konkurrenten. Auf längere Sicht sind die Gebiete am Golf, der Irak eingeschlossen, aber zweifellos auch als Reservoirs für die US-amerikanische Energieversorgung hochinteressant.

Die Eroberung des Irak brachte die USA diesem Ziel näher: Am 19. April 2003, also auf dem Höhepunkt der Kriegshandlungen im Irak, veröffentlichte die *New York Times* auf ihrer Titelseite einen

Bericht über die langfristigen militärischen Ziele (Thom Shanker und Eric Schmitt, Pentagon Expects Long-Term Access to Four Key Bases in Iraq). Es ging um vier Basen, die von der künftigen irakischen Regierung den USA zur dauerhaften Nutzung übergeben werden und nach Auskunft des Pentagons dazu dienen sollten, den »amerikanischen Einfluß im Herzen dieser unbefriedeten Region zu projizieren«. Die weiterreichende Perspektive solcher Zugriffe: »Es hat konzertierte diplomatische und militärische Bemühungen gegeben, die Erlaubnis zu erwirken, daß US-Streitkräfte von den früher kommunistischen Staaten Osteuropas aus operieren dürfen, über das Mittelmeer hinweg, im gesamten Nahen Osten und am Horn von Afrika, und in Zentralasien, von der Peripherie Rußlands bis zu den pakistanischen Häfen am Indischen Ozean. Dies ist ein Terrain westlichen Einflusses, wie seit einigen Generationen nicht mehr gesehen«.

Gegenwärtig betreiben die USA fünf sogenannte Superbasen im Irak. Hierbei handelt es sich um dauerhafte Einrichtungen, die jeweils bis zu 20.000 Mann an Truppen beherbergen können. Diese Anlagen verfügen auch über die für US-Amerikaner unverzichtbaren Hamburger- und Pizzarestaurants nebst anderen Etablissements des ›American way of life‹. Außerdem gibt es Camp Victory, den ehemaligen internationalen Flughafen von Bagdad, dessen künftige Nutzung noch nicht geklärt ist. Schließlich bauen die USA einen riesigen Botschaftskomplex in der irakischen Hauptstadt; die dafür bereitgestellte Milliarde Dollar dient sicherlich nicht ausschließlich dem Wohlbefinden der US-Diplomaten. Es ist wohl anzunehmen, daß dort eine geheimdienstliche Nebenzentrale errichtet wird

Geostrategen werten Afghanistan als Epizentrum von Südasiens, Zentralasiens und des Mittleren Ostens. Durch die kriegerische Intervention ist es den Vereinigten Staaten gelungen, hier Fuß zu fassen und gleichzeitig im Umfeld einen Basenring in den Staaten Usbekistan, Kirgisien, Tadschikistan und Pakistan aufzubauen. Auch hier ist der kontrollierende Zugriff auf die kaspischen Öl- und Gasvorkommen ein wichtiges ökonomisches Motiv.

Die beiden Flugbasen Bagram und Kandahar sind 2005 mit einem Aufwand von rund 100 Millionen Dollar modernisiert worden. Im gleichen Jahr wurde mit dem Bau eines neuen Stützpunktes Shindand in der Nähe von Herat begonnen, der Provinzmetropole an der Grenze zum Iran. Von dort können Ziele im Iran schnell erreicht werden; gemeinsam mit den im persischen Golf stationierten Flugzeugträgergruppen ist somit die Einkreisung des möglichen nächsten Angriffziels auf dem Luftweg als abgeschlossen zu betrachten.

Im September 2001 bat die Bush-Regierung den usbekischen Präsidenten Karimow um Nutzungserlaubnis für die frühere sowjetische Luftwaffenbasis Chanabad nahe der Grenze zu Afghanistan. Einige Wochen später unterzeichneten beide Regierungen ein Abkommen, das den USA die Rechte an mehreren Basen gab; im Gegenzug verpflichteten sich die Vereinigten Staaten, die Sicherheit Usbekistans zu gewährleisten. Im Dezember 2001 gab die Regierung Tadschikistans bekannt, daß sie den USA ihre Luftwaffeneinrichtungen zur Verfügung stellt. Im gleichen Monat unterzeichneten die Regierungen der Vereinigten Staaten und Kirgisiens einen Vertrag über den Bau eines Stützpunktes in Bischkek. Laut Vertrag betrug die Laufzeit lediglich 12 Monate. Die umfangreichen Bauarbeiten deuteten auf etwas anderes hin. Der damalige kirgisische Präsident Akajew hatte schon vorbeugend seine Bereitschaft signalisiert, den Vertrag zu verlängern, so lange wie erforderlich.

Der militärische Nutzen dieser Ansiedlungen ist begrenzt, denn sie tragen nicht wesentlich zur Erhöhung der Einsatzkraft der US-Luftwaffe bei, die auf Flugzeugträger, Langstreckenbomber und Luftbetankung zurückgreifen kann. Bezeichnenderweise wurden die Stützpunkte bislang nicht in die Luftoperationen im andauernden Afghanistankrieg einbezogen. Ihr Wert ist geopolitisch: Die USA sind damit an die Grenzen zu Rußland und China vorgerückt; das chinesische Atomversuchszentrum in Sinkiang liegt nun in bequemer Reichweite US-amerikanischer Jets. Gleiches gilt auf der anderen Seite für die russischen Installationen in Kasachstan und im südwestlichen Sibirien.

Die US-Militärpräsenz in der Region verleiht außerdem den Interessen der US-Konzerne an der Ausbeutung der vermuteten Ölvorkommen Nachdruck. Die dortigen Eliten haben ihre Macht aus der

Sowjetzeit in die Gegenwart herübergerettet. Sie brauchen wie früher den Rückhalt eines starken Verbündeten. Ölförderung und -transport eignen sich für eine Rentenökonomie, in der Kapital geschöpft wird, das im Gegensatz zur Industrialisierung keine tiefgreifenden sozialen Umschichtungen erfordert. Die Beteiligung an den Öleinnahmen beschert den herrschenden Eliten üppigen Wohlstand, den sie wie die Herrscher über die arabischen Ölquellen mit der Bevölkerung nur in Maßen zu teilen brauchen. Insofern besteht ein großes ökonomisches Interesse der Machthaber an einer dauerhaften Zusammenarbeit mit den Vereinigten Staaten, aber auch mit anderen Großabnehmern.

Das gegenwärtige Expansionsmuster deutet darauf hin, daß die Ausweitung einer weltumspannenden Militärpräsenz der Vereinigten Staaten das Ziel hat, die bestehenden Kräfteverhältnisse in der Weltwirtschaft im US-Interesse zu zementieren und gleichzeitig mittels des militärischen Arms die als Rivalen verstandenen Wirtschaftsblökke EU-Europa und Ostasien auf Distanz zu halten. Beim ›Krieg gegen den Terror‹ geht es auch darum, vorhandene Widerständigkeit gegen das US-Globalmodell zu beseitigen, mit den Worten von Verteidigungsminister Rumsfeld beim Truppenbesuch im Kosovo am 5. Juni 2001: »Wieviel sollten wir für die Streitkräfte ausgeben? Nach meiner Meinung, geben wir nicht für sie aus, sondern investieren in sie. Die Männer und Frauen der Streitkräfte höhlen unsere Wirtschaftskraft nicht aus. Vielmehr schützen sie diese. Sie sind keine Belastung für unsere Wirtschaft, sondern sie sind die entscheidende Grundlage des Wachstums«.

Präventivschläge und ›langer Krieg‹. Die US-Militärpolitik war schon vor dem »11. September« auf Neuerungen programmiert, die dann durch die Anschläge schneller vollzogen wurden. Attacken auf das eigene Land können selbstverständlich nicht hingenommen werden. Problematisch ist allerdings, hierauf mit einer Präventionsstrategie zu reagieren, die auch die Enttabuisierung eines Atomschlages beinhaltet.

Präsident Bush stellte seine ›innovative‹ Militärpolitik am 1. Juni 2002 vor. Die Vereinigten Staaten müßten sich der Bedrohung durch international operierende terroristische Gruppen oder Staaten, die diese beherbergen oder unterstützen, stellen, so der Präsident. Dazu zählten auch solche Länder, die über Massenvernichtungsmittel verfügten. Da sich das Wesen der Bedrohung grundsätzlich gewandelt habe, gelte es, hiergegen präventiv vorzugehen, d.h. den Krieg frühzeitig ins Lager des vermuteten Feindes zu tragen. Bush griff hier auf, was sein Verteidigungsminister Rumsfeld vorformuliert hatte: »Die Verteidigung der Vereinigten Staaten erfordert Prävention, Selbstverteidigung und manchmal auch frühzeitiges Zuschlagen«, so die Kernbotschaft seiner Rede vor der National Defence University in Washington am 31. Januar 2002; bei der Tagung der NATO-Verteidigungsminister am 6. Juni 2002 ergänzte er: »Die einzige Verteidigung [gegen Terrorismus] besteht darin, die globalen Netzwerke ausfindig zu machen und mit ihnen so umzugehen, wie es die USA in Afghanistan taten«.

Diese Stellungnahmen von Präsident und Minister faßten auf öffentlichkeitswirksame Weise die Empfehlungen der Nuclear Posture Review (NPR) zusammen, des vom Generalstab gemeinsam mit dem Nationalen Sicherheitsrat ausgearbeiteten Konzepts der neuen US-Militärpolitik. Hier wird für eine Abkehr vom Modell der Abschreckung plädiert, mit dem in den Jahrzehnten des Kalten Krieges Gegner davon abgehalten wurden, aggressive Akte gegen die Vereinigten Staaten einzuleiten. Außerdem werden ›Verteidigung‹ und ›Sicherheit‹ neu – nämlich aggressiv – definiert.

Aus Sicht des NPR besteht das Abschreckungspotential der Vereinigten Staaten aus einer sogenannten Triade. Der erste Schenkel dieses Dreiecks wird gebildet von ballistischen Raketen, strategischen Bombern und atombewaffneten U-Booten. Der zweite besteht aus der Fähigkeit, Angriffe auf das eigene Territorium abzuwehren; hier kommt dem Raketenabwehrschirm eine besondere Bedeutung zu. Der dritte Schenkel ist die Infrastruktur, die geeignet ist, Angriffe wie die vom »11. September« erfolgreich zu verhindern, was die Behörde für Vaterlandsverteidigung garantieren soll.

Die neue Militärdoktrin stellt das bisherige Denken, was den Einsatz von Atomwaffen angeht, in Frage. Die Abschreckungsfunktion betrifft den relativ unwahrscheinlichen Fall eines massiven Angriffs auf lebenswichtige Interessen der Vereinigten Staaten, der zu einem Vernichtungsschlag seitens der USA führen würde.

Aber den USA gilt es jetzt auch als erforderlich, die eigene Atomstreitmacht so flexibel zu gestalten, daß die konventionellen Vernichtungsmöglichkeiten gegen nichtstaatliche Feinde und gegen »Schurkenstaaten« um atomare Schlagfähigkeit ergänzt werden.

Das Konzept eines geschmeidigen Einsatzes von sogenannten taktischen Atomwaffen greift auf Überlegungen aus den 1960er Jahren zurück; damals wurde von einer abgestuften Antwort auf eine Bedrohung gesprochen, indem vor dem Einsatz der »großen Bombe« kleine Atomwaffen eingesetzt werden sollten, falls herkömmliche Waffen den Feind unbeeindruckt ließen.

Das globale Feindbild der US-Regierung betrifft starke Gegner wie Rußland und China, die mit herkömmlichen Mitteln nicht unterworfen werden können; um sie in Schach zu halten, wird das im Kalten Krieg aufgebaute Atomerstschlagspotential vorgehalten. Der aufzubauende Raketenabwehrschirm soll das Bedrohungspotential der USA so erhöhen, daß auch diese beiden Staaten sich US-Forderungen beugen oder widrigenfalls mit Vernichtung rechnen müssen. Gegenüber unbotmäßigen Staaten, solchen also, die sich dem Diktat der von den Vereinigten Staaten verordneten Weltordnung widersetzen, wird ein Atomschlag als zulässig angesehen, weil dieser sie schneller zur Räson bringen und das Risiko auf der eigenen Seite mindern werde. Der frühere Außenminister Colin Powell, in vielen Medien als nachdenklicher und einer harten Linie abweisend gegenüberstehender Politiker gehandelt, bewegte sich hier voll auf Regierungskurs. In einem Interview mit der *Washington Post* am 15. Juni 2002 äußerte er sich wie folgt: »Wenn es eine Option zum vorbeugenden Erstschlag gibt, sollte sie in einer Weise genutzt werden, die die Bedrohung ein für alle mal beseitigt«.

Nukleare Massenvernichtung ist also für die USA nicht mehr eine ›ultima ratio‹, sondern eine ›normale‹ strategische Option.

Die Stärkung der US-Streitkräfte richtet sich nicht gegen eine angeblich allgegenwärtige terroristische Bedrohung, sondern zielt auf die Verteidigung der ökonomischen und politischen Vorherrschaft der USA gegen oppositionelle Massenbewegungen und mächtige wirtschaftliche Konkurrenten. Dies ist die Kernbotschaft der aktuellen *Quadrennial Defense Review*, die vom Pentagon im Zusammenhang mit dem Haushaltsentwurf für 2007 vorgelegt wurde. Der hier erstmals in einem Regierungsdokument verwendete Begriff des »langes Krieges« ersetzt nun den des »globalen Krieges gegen den Terrorismus«. Er ist nebenbei medial griffiger als »GWOT«, Akronym für Global War On Terrorism. Der Begriff soll die US-Soldaten und die gesamte US-amerikanische Öffentlichkeit auf einen permanenten Kriegszustand einstimmen, für Operationen im Irak und in Afghanistan und für künftige Militäraktionen wie gegen den Iran: »Im Moment konzentriert sich der Kampf auf den Irak und Afghanistan, aber wir werden auch bereit sein müssen, unser Land und seine Interessen noch über Jahre hinweg überall auf der Welt zu verteidigen.«

Es gibt eine weitere bedeutsame terminologische Veränderung. Das Dokument bezeichnet als Hauptfeind nicht mehr Terroristen, sondern »gewalttätige Extremisten« oder einfach nur »Extremisten«. Offenbar wird hier eine konzeptionelle Voraussetzung für die Umorganisation des US-Militärs geschaffen, für den Anspruch, jedwede Opposition gegen die US-Vorherrschaft mit Gewalt niederzuschlagen.

Wer sich der ökonomischen und politischen Vorherrschaft Washingtons entgegenstellt, wird ganz unabhängig von seiner ideologischen Ausrichtung als »Extremist« gebrandmarkt. Die in dem Dokument skizzierten Methoden der Aufstandsbekämpfung richten sich nicht nur gegen islamische Terroristen, sondern gegen jede Massenbewegung, die im Widerspruch zum US-Imperialismus und seinen Marionettenregimes steht.

Klar ausgesprochen wird, daß »Washington versuchen wird, jeglichen militärischen Konkurrenten davon abzubringen, destabilisierende oder andere Fähigkeiten zu entwickeln, die ihm eine regionale Hegemonie ermöglichen würden... Falls Abschreckung nicht ausreicht, werden die Vereinigten Staaten die strategischen und operativen Ziele einer feindlichen Macht vereiteln«.

Die Denkschrift nennt ausdrücklich China als die Macht, »die das größte Potential besitzt, in militärische Konkurrenz zu den USA zu treten und sich kontraproduktive Militärtechnologie zu beschaffen, die im Laufe der Zeit die traditionelle militärische Überlegenheit der USA neutralisieren könnte«.

Das sind deutliche Veränderungen gegenüber dem Strategiepapier aus dem Jahr 2001, in dem übrigens China noch weitaus zurückhaltender, nämlich nur als »ein militärischer Konkurrent mit beträchtlichen Ressourcen« erwähnt war.

Das jetzige Dokument läßt klar erkennen, daß die US-Investitionen in Programme für Langstreckenwaffen eine Vorbereitung auf zukünftige militärische Konflikte mit China sind. Verbesserte militärische Fähigkeiten Chinas, heißt es, sowie »die enorme Ausdehnung Asiens, die kontinentale Tiefe Chinas und die Probleme für amerikanische Truppen bezüglich Logistik und Verpflegung verdeutlichen die überragende Bedeutung von Kräften, die nachhaltige Operationen über große Entfernungen in Gebiete hinein ausführen können, zu denen der Zutritt verweigert wird.«

Diese offene militärische Drohung provozierte verärgerte Reaktionen der chinesischen Regierung. Ein Sprecher des chinesischen Außenministeriums sagte, daß sein Land »in Washington entschiedenen Protest« wegen des Pentagon-Dokuments eingelegt und es »als Einmischung in die inneren Angelegenheiten Chinas« zurückgewiesen habe. Er forderte ein Ende der »willkürlichen und unverantwortlichen Bemerkungen über Chinas normalen Aufbau seiner Verteidigung«.

Akute Konfliktfelder

Nah- und Mittelost. Die US-Invasion im Irak ist, was die inneren Verhältnisse im Land angeht, zum Desaster geworden. Das hat aber die Regierung Bush nicht davon abgehalten, ihre Pläne einer Umgestaltung des Nahen Ostens weiter voranzutreiben. Der Iran wird als die neue große Bedrohung ausgegeben; die psychologische Kriegsführung ist nahezu die gleiche, wie sie gegen das irakische Regime

Jenseits des Völkerrechts: Verdeckte Kriegsführung

Die Machthaber in Washington haben noch andere Instrumente entwickelt, die weniger auffällig, dafür um so effektiver arbeiten sollen – die sogenannten Special Operations Commandos (SOCOM). Die aus Eliteabteilungen der Armee und der Marineinfantrie zusammengesetzte Truppe, mittlerweile 53.000 Mann stark, sollte gemäß der Anweisung von Präsident Bush im Kampf gegen den Terrorismus eingesetzt werden. Das jüngst bewilligte Budget über 7 Mrd. Dollar schuf hierfür eine ausreichende finanzielle Grundlage. Ursprünglich agierte die Truppe im Ausland in enger Abstimmung mit den US-Botschaftern vor Ort. Diese, so beklagten sich die Einsatzleiter, hätten aber erfolgversprechende Aktionen abgeblasen, weil beispielsweise die rechtlichen Grundlagen hierfür zweifelhaft gewesen seien. Dies nahmen die Hardliner in der Bush-Regierung, allen voran Verteidigungsminister Rumsfeld, zum Anlaß, einen neuen Einsatzplan zu verabschieden, dessen Inhalt zwar geheim ist, in groben Zügen jedoch der US-Presse zugespielt wurde.

Laut *Washington Post* (Pentagon to Rely on Special Operations vom 23. April 2006) werden demnach Mitglieder von SOCOM als Botschaftsangehörige eingesetzt; sie sollen vor Ort, Informationen beschaffen, also Spionage betreiben, ein Operationsfeld, das bislang von der CIA bearbeitet wurde. Diese Informationsbeschaffung bildete die Grundlage für anschließende verdeckte Operationen, was, je nach Umständen, Killerkommandos, Entführungen und Folter beinhaltet. Das berüchtigte Gefängnis Abu-Ghraib wurde von den Spezialkommandos betrieben. Nach Recherchen von Seymour Hersh (How a secret Pentagon program came to Abu Ghraib, *The New Yorker*, 24/05/2004) war das Gefängnis nur für weniger wichtige Personen reserviert; das dingfest gemachte Führungspersonal der Terrorismus-Szene hingegen wurde anderswo einer Sonderbehandlung unterzogen.

Die Einsätze werden mit der SOCOM-Einsatzzentrale in Tampa, Florida abgesprochen. Die US-Botschaften und andere Dienststellen werden hiervon nicht in Kenntnis gesetzt. Eine Prüfung der Rechtslage unterbleibt. Im Jargon des US-Militärs: Es gibt nun eine globale free-fire-zone. Der US-Präsident hat nach 2003 mehrere Anweisungen gegeben, nach denen die Spezialeinheiten nach Gutdünken und ohne weitere Rücksichtnahmen zuschlagen können.

Daneben betreibt SOCOM Aktivitäten, die speziell auf das Al-Kaida-Netzwerk abzielen und auch andere Organisationen berücksichtigen, die im Verdacht stehen, dieses Netzwerk zu unterstützen. Ferner gibt es eine Sondereinheit, die sich der Abwendung von terroristischen Gefahren in den USA widmet. General Brown, der SOCOM vorsteht, stellte bei einer parlamentarischen Anhörung im März 2006 heraus, daß sein Kommando nunmehr die volle Verantwortung für den globalen Kampf gegen Terrorismus übernommen habe; gegenwärtig seien rund 7.000 Mann im Auslandseinsatz, der Großteil im Nahen Osten.

eingesetzt wurde, einschließlich Verdrehungen, Halbwahrheiten und Lügen.

Warum liegt der Iran im Fadenkreuz?

Hinter dem rhetorischen Schwall eines ›demokratischen Messianismus‹, von der US-Regierung und den ihr nahestehenden Medien gebetsmühlenartig vorgebracht, gibt es allerdings handfeste Gründe, Iran unter Kontrolle der Vereinigten Staaten zu bringen:

➲ Beim Iran handelt es sich um eine unabhängige Regionalmacht mit militärischen Kooperationen mit Rußland und der Volksrepublik

China. Mit einer Bevölkerung von rund 70 Millionen und großem ökonomischem Potential ist das Land die letzte Bastion gegen eine vollständige Beherrschung des Nahen Ostens durch die USA.

➲ In den US-Machtzirkeln grassiert die Vorstellung, daß der Iran mit bald starken Konkurrenten – so kategorisieren die Planer im Weißen Haus die EU, China, Indien und Rußland – zusammengehen könnte, wodurch die geopolitische Bilanz zulasten der Vereinigten Staaten verschoben würde.

➲ Der Iran ist ferner in der Region der letzte überlebende Unterstützerstaat jener Länder und Organisationen, die im Konflikt mit der israelischen Regierungspolitik sind: Ohne den Iran wären Syrien, der Libanon, aber auch die Palästinenser der militärischen Überlegenheit Israels nahezu schutzlos ausgeliefert.

Dem Iran nach dem irakischen Muster beizukommen, birgt hohe Risiken. Neben Raketengegenschlägen sind dies vor allem die Gefahren einer Regionalisierung der Auseinandersetzung, d.h. daß im Kriegsfall die iranische Regierung ihre Verbündeten in der Region zu militärischen Handlungen auffordern könnte. Dazu gehören auch die iranfreundlichen politischen Gruppierungen im Irak.

Die Verhandlungen auf höchster diplomatischer Ebene über die Einstellung des iranischen Nuklearprogramms stellen einen Vorhang dar; auf der Bühne dahinter sind die Vereinigten Staaten eifrig bemüht, die Risiken eines Militärschlages abzubauen.

Die erste Maßnahme betraf Syrien. Das Land gilt nach US-amerikanischen Vorstellungen als ein ganz enger Verbündeter des Iran. Die Resolution 1559 des Sicherheitsrates des Vereinten Nationen vom September 2004 forderte Syrien auf, seine Truppen aus dem Libanon abzuziehen, was von Damaskus dann befolgt wurde. Damit verbesserte sich die strategische Lage des wichtigsten US-Klienten in der Region: des Staates Israel. Ohne die tatkräftige Unterstützung Frankreichs wäre diese Resolution nicht zustande gekommen. Daß trotz bislang guter Beziehungen zu Syrien die französische Regierung auf Distanz zu Damaskus ging, hängt möglicherweise mit der ›Iranfrage‹ zusammen: Offenbar ist Paris von der Entschlossenheit der Bush-Regierung überzeugt, den Iran à l'iraquienne zu ›befrieden‹. Dieses Mal möchte Frankreich – ebenso wie die Bundesrepublik – an der Verteilung der Beute teilhaben.

Die zweite Maßnahme betrifft den Umgang mit pro-iranischen schiitischen Gruppierungen im Irak. Es ist anzunehmen, daß diese Kräfte im Kriegsfall eine zweite Front gegen die US-Streitkräfte eröffnen würden. Erkennbar ist, daß die USA ihren anfänglichen Versuch eingestellt haben, die schiitischen Milizen zu bekämpfen. Es ist auch bemerkenswert, daß die US-Regierung den Ausgang der Wahlen im Irak akzeptiert hat, obwohl schiitisch-islamische Gruppen – nach offizieller US-Lesart eigentlich Feinde der Demokratie – zur bestimmenden politischen Kraft geworden sind. Das deutet auf den Versuch einer Kooptation hin, wohl in der Erwartung, daß diese Gruppen sich dann im Ernstfall neutral verhalten werden.

Die dritte Maßnahme betrifft Afghanistan. Hier leisteten die USA tatkräftige Unterstützung, um den einflußreichen pro-iranischen Gouverneur von Herat politisch kaltzustellen. Allerdings ist fraglich, ob damit die pro-iranischen Strömungen eingedämmt sind, denn innerhalb der sogenannten Nordallianz gibt es immer noch starke Gruppen, die aus ihrer positiven Haltung Teheran gegenüber keinen Hehl machen.

Soweit man zur Zeit die Lage überblicken kann, ist keine dieser Maßnahmen als erfolgreich abgeschlossen zu werten. Bemerkenswert ist dabei jedoch der Versuch, pro-iranische Kräfte ›umzudrehen‹, was darauf hinweist, daß die Vereinigten Staaten mit der Umsetzung ihres geopolitischen Konzeptes ernst machen wollen.

Eurasien. Rußlands schwere soziale Probleme in den neunziger Jahren veranlaßten Expertenzirkel in den USA von einer Desintegration des Landes innerhalb eines Jahrzehnts zu sprechen, unterstützt hierbei vom früheren Sicherheitsberater Brzeszinski, der in einer Buchpublikation (Grand Chessboard : American Primacy and Its Geostrategic Imperatives, Basic Books, New York, 1997) ein europäisches Rußland, eine Republik Sibirien und einen weiteren neuen Staat im Fernen Osten entstehen sah. Für ihn bildete der Kaukasus den

Anfangspunkt des Auflösungsprozesses, weshalb die NATO hier intervenieren sollte. Das Ziel: es gelte die nördlichen Kaukasusrepubliken der russischen Vorherrschaft zu entreißen. Als nächstes seien die Rohstoffreichtümer Sibiriens unter eigenen Einfluß zu bringen, was voraussetze, daß Kern-Rußland geschwächt werde.

So abwegig dieses Szenario momentan anmutet, hatte es durchaus einen Realitätsbezug und es bildet immer noch das Modell für einen neuen Kalten Krieg.

Der Zusammenbruch des Ostblocks zwischen 1989 und 1991 gab den US-Eliten Anlaß zu Optimismus: Die postsowjetischen Cliquen an der Macht öffneten sich bereitwillig dem kapitalistischen System. Das internationale Kapital unter Führung der Vereinigten Staaten, beflügelt von der neo-liberalen Ideologie, wies dem Ex-Ostblock einen festen Platz im Weltmarkt zu, nämlich als Lieferant von billigen Arbeitskräften en masse, aber auch von kleineren Gruppen hochqualifizierter Fachkräfte aus dem militärisch-industriellen Komplex. Die post-sowjetischen Länder sollten als Zulieferer von Energie auftreten und im Gegenzug ihre Märkte für westliche Industrieprodukte öffnen.

Zunächst stand Rußland im Mittelpunkt dieses externen Transformationsinteresses, wo der kapitalistische Vormarsch anfänglich sehr erfolgreich war. Das Land öffnete sich westlichen Investoren, die gemeinsam mit skrupellosen Teilen der neuen Machtelite die Ressourcen so plünderten, daß die ehemalige Weltmacht als internationaler Akteur fast ausschied. Angesichts des Beutefeldzuges in Rußland traten strategische Überlegungen in den Hintergrund, was vor allen Dingen die Ukraine betraf, in geopolitischer Sicht das Einfallstor zum eurasischen Raum. Nachdem dieses Land sein Atomwaffenarsenal bereits 1994 verschrottet hatte, wurde es für die USA zeitweise uninteressant. Die Wirtschaftskatastrophe in Rußland traf auch die Ukraine aufgrund der früheren engen Verflechtungen, zu denen es keine Alternativen gab. Das Land versank im Elend, wie der Rückgang des Bruttoinlandsproduktes um mehr als die Hälfte bis Anfang dieses Jahrhunderts belegt.

Das Ende der kleptokratischen Regierung Jelzin ermöglichte dann aber einen Neuanfang in Rußland. Die Zähmung der Gangsterkapitalisten und die Rückführung der kriminellen Privatisierungen stellten eine nicht erwartete Leistung des neuen Präsidenten Putin dar, der auf außenpolitischem Feld daran ging, neue Arrondierungen einzuleiten und dem weiteren Vormarsch des Westens entgegenzuwirken. Die Ukraine entwickelte sich zum ersten Testfall eines neuen Kalten Krieges, die Wahlen von 2004 boten den Anlaß.

Unter dem Eindruck der erfolgreichen Integration des Balkans in den westlichen Machtorbit seit dem Kosovokrieg wurde die Ukraine als nächstes Ziel identifiziert. Dank massiver Finanzhilfe und unter Anleitung der früheren US-Außenministerin Albright wurden zahlreiche Nichtregierungsorganisationen (NGO) im Lande gefördert und für die Parlamentswahlen vorbereitet; ähnlich wurde auch in Georgien vorgegangen. Offenbar war das Netzwerk der lokalen Sendboten bereits so engmaschig, daß Frau Albright auf dem Davos-Forum 2004 davon sprechen konnte, daß die Ukraine jetzt reif für den politischen Wechsel sei. Tatsächlich schien dieser auch bei den Präsidentschaftswahlen im gleichen Jahr zustande zu kommen. Westlich gesponserte Mobilisierungs- und Medienkampagnen und massive finanzielle Unterstützung gaben den Ausschlag, hinzu kamen regionale Zerklüftung, eine korrupte Regierung und unterschwelliger Chauvinismus. Der Wahlerfolg von Viktor Juschtschenko basierte auf diesen drei Elementen: Der schwerindustrielle Osten ist russisch geprägt; die bis dahin tonangebende politische Führung wurde aus den Zirkeln der dortigen Schlotbarone rekrutiert, so daß die wirtschaftlich vernachlässigte westliche Ukraine nach Führungspersonal aus den eigenen Reihen verlangte. Für den Machtwechsel schien westlichen Beratern im Hintergrund jedes Mittel recht. So wurden anti-semitische Hetzkampagnen toleriert, pro-russisch eingestellte Bevölkerung als »moskali-Kike« (jüdische Unterstützer Moskaus) denunziert. Die neue Regierung übernahm ein zutiefst gespaltenes Land; weil sie aber gerade hierüber an die Macht gekommen war, unternahm sie nichts gegen die weiter andauernde Instabilität. Diese machte sie umso empfänglicher für westliche Interessen: »Die russische Niederlage in der Ukraine ist fast vollständig«, urteilte eine

US-Studie. (Peter Zeihan, ›Russia: After Ukraine‹, *Stratfor*, 10. Dezember 2004). Inzwischen hat sich herausgestellt, daß die ›orangene Revolution‹ nur ein Unentschieden erbrachte; pro-russische Machtgruppen sind wieder mit im Spiel.

Parallel baute der Westen unter der Flagge der NATO seine militärische Präsenz in Aserbaidschan und Georgien weiter aus. Auch hier werden ethnische Konflikte genutzt, um die Regimes an den Westen zu binden. Die Zentralregierung Georgiens sieht sich Separationsbewegungen in Abchasien und Südossetien gegenüber; die Machthaber in Baku sind im Konflikt mit Armenien um die Enklave Nagorni-Karabach. Während die Ukraine und Georgien als Transitländer für Erdgas- und Erdölpipelines interessant sind, zählt Aserbaidschan zu den wichtigsten Ölproduzenten am Kaspischen Meer.

Aber Rußland gelang ein nicht erwartetes Come-back. Es begann, verlorenes Terrain wieder einzunehmen. Damit dürften neue Konflikte vorgezeichnet sein. Andererseits weist Rußland eine Schwachstelle auf – der Kampf in Tschetschenien um die Unabhängigkeit bindet russisches Militär ohne Aussicht, die Rebellen niederzuringen. Daß hier auch islamistische Gruppen am Werk sind, ist für die Vereinigten Staaten kein Grund, diesen Widerstand nicht zu fördern – Erfahrungen bei der Zuhilfenahme von Islamisten haben sie ja in den achtziger Jahren in Afghanistan sammeln können.

Bei der Eröffnung einer neuer Militärbasis in Tadschikistan im Oktober 2004 erklärte Rußlands Präsident Putin, diese sei ein Garant für Stabilität in der Region und schütze künftige Investitionen – er sprach dabei von rund 2 Milliarden Euro, die in den nächsten fünf Jahren flössen. Nach einem Jahrzehnt schwindenden Einflusses ist Rußland nach Zentralasien zurückgekehrt, was Militärpräsenz und Großinvestitionen im Energiesektor und in der Infrastruktur dokumentieren.

Moskau hatte zunächst die US-amerikanische Präsenz in der früheren sowjetischen Peripherie hinnehmen müssen, sah darin aber auch eigene Vorteile, weil die Vereinigten Staaten relativ erfolgreich waren beim Kampf gegen islamistische Bewegungen, seien es die afghanischen Taliban oder die IMU (Islamische Bewegung Usbekistan). Die russische Regierung machte allerdings deutlich, daß sie die Anwesenheit der US-Amerikaner in Zentralasien als vorübergehend betrachte, als zu beenden, sobald die US-Intervention in Afghanistan abgeschlossen sei. Jedoch hat die Präsenz des US-Militärs in der Region weniger mit dem Kampf gegen Islamisten zu tun als vielmehr mit einer neuen Strategie. Washington beabsichtigte nämlich, dorthin rund 50.000 Soldaten zu verlegen als Teil einer schnellen Eingreiftruppe, zu der auch US-Einheiten auf dem Balkan und im Nahen Osten zählen. Von den zentralasiatischen Stützpunkten aus kann Einfluß genommen werden auch auf Südasien, Rußland und China und natürlich auf die großen Rohstoffvorkommen Zentralasiens.

Es ist verwunderlich, daß die USA aktuell eine Politik betreiben, die diesem strategischen Ziel allem Anschein nach zuwiderläuft. Beispielsweise strich Washington Entwicklungshilfe für Usbekistan zusammen mit der Begründung, daß hier zu wenig an demokratischer Erneuerung erfolge. Gleichzeitig sieht die US-Regierung aber großmütig über ähnliche Praktiken in anderen Ländern hinweg. Für den zentralasiatischen Raum läßt sich gegenwärtig sagen: Insgesamt läßt die offenkundige Förderung von korrupten und repressiven Regimen die Masse der Bevölkerung skeptisch werden gegenüber jenen politischen Bewegungen, die sich als westlich-demokratisch ausgeben. Die Eliten an der Macht wiederum beobachteten mit großer Skepsis den gewaltsamen Sturz von Saddam Hussein, den mit verdeckter Gewalt in Szene gesetzten Abgang des georgischen Präsidenten Schewardnase und die ›Revolution‹ in der Ukraine. In den letztgenannten Fällen waren sogenannte Nichtregierungsorganisationen maßgeblich am Zustandekommen des Wechsels beteiligt. Diesen Sendboten der ›demokratischen Missionierung‹ wird mit Argwohn begegnet; in Usbekistan wurden am Vorabend der letzten Wahlen die Büros der NGO geschlossen.

Völlig anders als die USA präsentiert sich in dieser Region die Volksrepublik China. Die chinesische Regierung scheint eine erfolgreiche Rezeptur aus den Anfängen des europäischen Imperialismus in Asien anzuwenden, nämlich erst Handel und dann politische Einflußnahme. Es ist auffällig, daß China in den letzten Jahren Großaufträge mit Energieproduzenten in der Großregion abgeschlossen hat und nun beginnt, die eigene Energieversorgung über ein ausgedehntes Pipeline-System, das die Quellen mit dem chinesischen Markt verbindet, zu sichern. Auf diplomatischer Ebene ist Peking entsprechend aktiv: Die Gründung der von China initiierten Shanghai Cooperation Organisation (SCO) ist ein Bündnis der fünf zentralasiatischen Staaten, Rußlands und Chinas. Ursprünglich ging es dabei um Sicherheitsaspekte, aber mittlerweile hat die SCO ihre Arbeitsbereiche über das rein Militärische hinaus auf politische und wirtschaftliche Bereiche ausgedehnt

Nach dem Zusammenbruch der Sowjetunion deutete vieles darauf hin, daß die Vereinigten Staaten ein leichtes Spiel im eurasischen Herzland hätten; aber Rußland hat sich erfolgreich aus der Zusammenbruchspolitik, die Washington der unfähigen und hochkorrupten nachsowjetischen Regierung Jelzin aufdrücken konnte, wieder hinaus entwickelt. China hat seinen wirtschaftlichen Aufbruch zwar über den Weltmarkt eingeleitet, dabei jedoch politische Selbständigkeit bewahrt. Beide Staaten, die ein historisch begründetes Interesse an Zentralasien haben, sind in die dortige Arena zurückgekehrt und jetzt dabei, dem US-amerikanischen Akteur die Hauptrolle in dieser Region streitig zu machen.

Kapitel 2
Der Iran – Legenden und Realitäten

Der Iran stelle eine Bedrohung der internationalen Gemeinschaft dar, sagt heute die US-Regierung, gestern sagte sie das über den Irak. Es ist schon erstaunlich, daß sich hochgerüstete und über ein riesiges Arsenal an Massenvernichtungsmitteln verfügende Staaten wie die USA, Israel, Großbritannien, Frankreich und Deutschland so rasch von einem unterentwickelten Dritt-Welt-Land gefährdet fühlen. Zugleich betonen die Regierungen dieser Staaten, daß sie um die Sicherheit in der Welt bangen und deshalb das iranische Nuklearprogramm entschieden ablehnen. Dabei waren sie es, die mit der atomaren Aufrüstung historisch überhaupt erst angefangen haben oder anfangen wollten (wie die Bundesrepublik), aber dies wird verschwiegen. Derlei Befürchtungen ernstgenommen, wäre es doch naheliegend, wenn die Atommächte ihre Arsenale verschrotten würden, denn dann könnte ›Entfürchtung‹ einkehren. Merkwürdigerweise hört man solche Horrorgefühle nicht von Staaten wie Thailand, Bhutan, Vietnam, Zambia, Tanzania, Ekuador etc. Offenbar besteht die Weltgemeinschaft im wesentlichen aus G7, EU, IWF, Weltbank, WTO, NATO.

Diese ›internationale Gemeinschaft‹ sorgt sich um die globale Sicherheit, versteht sich als Gralshüter von Demokratie, Menschenrechten, Rechtsstaatlichkeit und sieht sich als Beschützer der zivilisierten Welt. Sie hat, nimmt man sie beim Wort, bislang eine sehr schlechte ›performance‹. Zum Beleg einige wenige Beispiele aus der Zeitgeschichte: In Osttimor wurden mehr als 200.000 Menschen getötet; in El Salvador rund 100.000, in Chile wurden etwa 30.000 Personen hingerichtet, Vietnam hatte zwischen 2 und 3 Millionen Opfer zu beklagen, im Kongo kamen mehr als eine Million Menschen um. Entweder geschahen diese politischen Verbrechen im Namen von ›Freedom and Democracy‹ oder sie wurden von der ›internationalen Gemeinschaft‹ aus durchaus profanen Gründen, sprich wirtschaftlichen Interessen, hingenommen.

Warum erstreckt sich das Einklagen von Sicherheit nicht auch auf die schätzungsweise 30.000 Menschen, die täglich an Hunger sterben?

›Kollateralschaden‹ der Globalisierung? Werden sich all diese Menschen und andere Unterdrückte sicherer fühlen, wenn Iran seiner Nukleartechnik abschwört? Was wird denn nun sicherer werden, wenn der Iran einlenkt oder eingelenkt wird? Sicherer wird gewiß die Versorgung der ›internationalen Gemeinschaft‹ mit billigem Öl und Gas.

Was immer man vom heutigen Iran halten mag – und das theokratische Regime ist wahrhaftig kein nachahmenswertes Gesellschaftsmodell –, so kann doch nicht gerechtfertigt werden, daß ein Land aus fadenscheinigem Anlaß und unter Bruch des Völkerrechts überfallen wird.

- Nach Artikel IV des Atomwaffensperrvertrages hat der Iran das Recht zur friedlichen Nutzung der Kernenergie. In diesem Artikel wird von einem »unveräußerlichen Recht« der Staaten auf atomare Energie gesprochen. Gleichzeitig muß sich der jeweilige Staat verpflichten, daß seine Atomanlagen Inspektionen offenstehen, um sicherzustellen, daß keine militärischen Verwendungen vorbereitet werden oder bereits eingeleitet sind. Allerdings finden derartige Kontrollen in China, Frankreich, Deutschland, Indien, Japan, Pakistan, Rußland, den Niederlanden, Großbritannien und den Vereinigten Staaten, die über nukleare Anreicherungsanlagen verfügen, nicht statt. Deutschland und Japan dürfen völkerrechtlich keine Atomwaffen herstellen, verfügen aber über die technischen Voraussetzungen dafür. Insofern haben sie den gleichen Rechtsstatus wie der Iran. Demnach wäre es selbstverständlich, daß die deutschen und japanischen Anlagen inspiziert würden.
- Artikel VI des Atomwaffensperrvertrages fordert von Staaten, die im Besitz von Atomwaffen sind, ernsthafte Abrüstungsbemühungen. Das wurde in einem Gutachten des Internationalen Gerichtshofs aus dem Jahr 1996 bekräftigt. Tatsächlich haben alle hier in Betracht kommenden Staaten gegen die Auflagen des Artikels VI verstoßen. Der Iran kann zusätzlich auf den Beschluß der Mitgliedsstaaten des Sperrvertrages aus dem Jahr 1995 verweisen, in

dem eine atomwaffenfreie Zone im Nahen Osten gefordert wurde. Sowohl Israel als auch die westlichen Staaten haben diesen Beschluß bislang ignoriert.

- Artikel X des Atomwaffensperrvertrages räumt den Mitgliedsstaaten das Recht ein, nach dreimonatiger Frist den Vertrag zu kündigen, wenn »übergeordnete Interessen des Staates« hierdurch gefährdet sind. Rechtlich gesehen, wäre ein solcher Schritt legal von seiten des Iran, zumal die Vereinigten Staaten ihrerseits mit dem Hinweis auf nationale Interessen den ABM-Vertrag (»Vertrag zwischen den Vereinigten Staaten von Amerika und der Union der Sozialistischen Sowjetrepubliken über die Begrenzung von Systemen zur Abwehr ballistischer Raketen vom 26. Mai 1972«) 2002 aufkündigten.
- Das Anfang März 2006 geschlossene Abkommen über ein US-indisches Atomprogramm fügt sich nahtlos in den bewußten Bruch internationalen Rechts. Es sieht die Lieferung von US-amerikanischer Nukleartechnologie und spaltbarem Material an Indien vor, für friedliche Nutzung. Das Land, das dem Atomwaffensperrvertrag nicht beigetreten ist, verpflichtet sich als Gegenleistung, seine Anlagen für internationale Inspektionen zu öffnen. Aber: Diese Öffnung soll sich nur auf zwei Drittel aller Nuklearfabriken und -einrichtungen erstrecken und den militärischen Bereich vollständig davon ausnehmen, und die Kontrolle selbst soll unter von Indien festgelegten Regeln erfolgen. Zur Erinnerung: Indien weigerte sich 1974, auf den Bau der Atombombe zu verzichten. Als Reaktion darauf verschärfte der US-Kongreß auf Veranlassung von Präsident Nixon die sanktionierenden Gesetze, und der Präsident setzte die sogenannte Nuclear Suppliers Group ein, deren Aufgabe es war, andere Staaten davon abzuhalten, dem indischen Beispiel zu folgen. Der jetzige US-amerikanische-indische Vertrag muß, um rechtsgültig zu werden, vom US-Kongreß gebilligt werden. Dafür sind massive Änderungen in bestehenden Gesetzen und hier besonders des US Nonproliferation Act erforderlich. Falls dieser Vertrag die parlamentarischen Hürden nimmt, haben die USA nach Expertenmeinung überhaupt keine rechtli-

che Grundlage mehr für Sanktionen gegen Staaten wie den Iran. Diese Einschätzung teilt der Chef der Atombehörde IAEA jedoch nicht; in einem ersten Kommentar begrüßte er die Vereinbarung zwischen den USA und Indien, da sie einen beispielgebenden Schritt darstelle, um die Verbreitung von Atomwaffen zu verhindern (Ahmed Janabi,US-India deal ›undermines‹ Iran case ‚Aljazeera Net, 4/03/06). Das ist übrigens nicht das erste Mal, daß sich Friedensnobelpreisträger El-Baradei über die rechtlichen Grundlagen der ihm unterstellten Behörde hinwegsetzt und internationales Recht ignoriert.

Dem Atomwaffensperrvertrag sind weltweit nur vier Staaten nicht beigetreten: Indien, Pakistan, Israel und Nordkorea. Mit der möglichen Ausnahme Nordkoreas produzieren sie längst ihre eigenen Atomwaffen. Um den Iran zum Einlenken zu zwingen, ohne internationales Recht zu beugen, wäre es logisch, den Atomwaffensperrvertrag auf alle Staaten auszudehnen und dann seinen Artikel VI endlich anzuwenden. Es sollten sämtliche Anlagen zur Urananreicherung einer strikten und wirksamen internationalen Kontrolle unterzogen werden. Am Ende gäbe es dann eine atomwaffenfreie Welt. Das klingt utopisch. Aber ist dies von der Realität weiter entfernt als die Behauptung, durch militärische Zugriffe die weitere Verbreitung von Atomwaffen verhindern zu können?

Nuklearmacht Iran?

Die Islamische Republik Iran übernahm von dem früheren Schahregime das Atomprogramm, dessen Anfänge auf 1957 zurückreichen. Die friedliche Nutzung der Atomkraft ist hier wirtschaftspolitisch sinnvoll, denn sie ersetzt Erdöl als Energieträger. Für ein Land, das maßgeblich von der Erdölindustrie abhängt, bedeutet dies eine Steigerung der Ölexporte und damit höhere Einnahmen. Die geistliche Führung des Iran hat wiederholt erklärt, daß eine militärische Nutzung gegen die Grundsätze des Korans verstoße und deshalb nicht in

Betracht komme. Dies entspricht offensichtlich der Wahrheit, denn die Inspektionen der Internationalen Atomenergiebehörde haben bisher keine handfesten Hinweise auf ein militärisches Atomprogramm im Iran ermittelt.

Das hinderte aber die US-Regierung nicht daran, wiederholt das Gegenteil zu behaupten.

Die Rede des neugewählten iranischen Präsidenten Mahmoud Ahmadinedschad vor der Vollversammlung der Vereinten Nationen am 17. September 2005 bot dann den Anlaß, die Anti-Irankampagne medienwirksam auf Hochtouren zu bringen. Diese lief daraus hinaus, die Aggressivität und Unzuverlässigkeit des Iran hervorzuheben und an der Seriösität früherer Untersuchungen zu zweifeln, die bei der Suche nach iranischen Atomwaffen nicht fündig geworden waren. Überraschenderweise zeigte sich die Atombehörde nun auf einmal beeindruckt. Ihr Leiter erklärte, es fehle ihm an Zutrauen, daß der Iran sein Nuklearprogramm ausschließlich für friedliche Zwecke nutze. Sämtliche vorherigen Berichte und Dokumentationen der IAEA erschienen plötzlich als wertlos und als stümperhaft angefertigt. Man sollte in einer solchen Situation erwarten, daß der Verantwortliche zur Rechenschaft gezogen und die Behörde einer sorgfältigen Innenrevision unterzogen würde. Aber nichts davon, vielmehr lieferte die Behörde der US-amerikanischen Regierung die Argumente, die diese benötigte, um ihren Druck auf Teheran zu verstärken. Der mit dem Friedensnobelpreis ausgezeichnete Behördenchef Dr. Mohamed El Baradei ließ in der Folgezeit jede von ihm zu erwartende Objektivität beiseite. Er schloß auch Gewalt nicht mehr aus, um den Iran im Streit um sein Atomprogramm zur völligen Offenlegung zu zwingen. Er sei nicht bereit, die gesetzte Frist für eine Bereitschaft des Iran zur vollen Kooperation zu verlängern. In einem Interview mit der US-Zeitschrift *Newsweek* sagte er: »Diplomatie ist nicht nur Reden. Diplomatie braucht auch Druckmittel, und, in extremen Fällen, Gewalt. Wir müssen alles tun, um die Einhaltung der Regeln durch Überzeugung zu erreichen. Wenn das nicht funktioniert, muß man sie durchsetzen. Das muß der letzte Ausweg bleiben, aber manchmal muß man ihn beschreiten.« (FTD, 16/01/06) Daß er damit seine Kompetenzen überschritt, fiel offenbar nicht auf. Ebenso machte sich kaum jemand die Mühe, den Wahrheitsgehalt der Behauptungen zu überprüfen. Einem naiven Beobachter muß sich der Eindruck aufdrängen, iranische Wissenschaftler hätten ein technisches Wunder vollbracht, indem sie aus dem Stand heraus mit herkömmlicher Technik schwach angereichertes in waffenfähiges Uran verwandelten. Hierfür benötigt aber z.B. das in dieser Hinsicht sicherlich nicht rückständige Frankreich vier Reaktoren mit einer Kapazität von 4000 Megawatt.

Die Bereitschaft der iranischen Regierung, neue umfangreiche Inspektionen zuzulassen und die Anreicherung von Uran einzustellen, stieß auf taube Ohren. Massenmedial und öffentlichkeitswirksam wurde der Iran als nächstes Ziel eines militärischen Zugriffs ›aufbereitet‹. Daß mit ähnlich angelegten Lügen, Fälschungen und Manipulationen der Angriffskrieg auf den Irak begründet wurde, schien vergessen. Jedoch hat die Regierung Bush aus dem sich heute als ungeschickt darstellenden Vorgehen beim Irak-Krieg gelernt. Dieses Mal wurden sperrige Verbündete wie Frankreich und die Bundesrepublik rechtzeitig kooptiert. Das geschah auf ganz einfache Weise, indem die US-Außenministerin verkündete, der Iran müsse auf sämtliche Aufbereitungsanlagen, also auch zivile, verzichten. Damit wurde den beiden europäischen Staaten in Aussicht gestellt, künftig als Lieferanten von Nuklearenergie für den Iran aufzutreten, der westlichen Atomindustrie wurden lukrative Märkte in Aussicht gestellt. Die Forderung der US-Regierung bedeutete einen klaren Verstoß gegen den Atomwaffensperrvertrag und eine Abhalfterung der Atombehörde zur Bedeutungslosigkeit. Zuende gedacht, zeichnet sich über den Präzedenzfall Iran eine Umgruppierung des Weltmarktes für Nukleartechnologie ab, in dem künftig die führenden Industriestaaten allein das Sagen haben sollen. Weder Paris noch Berlin konnten sich dieser ökonomisch verlockenden Aussicht versperren. Sie reihten sich ein in die Linie der Anti-Iran-Front.

Passend zu den Kalkulationen über weitere Schritte gegen den Iran veröffentlichte die *New York Times* am 1. Februar 2006 einen Hintergrundbericht, in dem behauptet wird, die Atombehörde habe »zum ersten Mal handfeste Beweise, daß zumindest einige der iranischen

Aktivitäten auf ein Militärprojekt abzielen«. Der Bericht machte ferner darauf aufmerksam, daß die IAEA mit »teilweiser Hilfe« durch US-Geheimdienste eine »geheime iranische Einrichtung entdeckt habe, die als Green Salt Project bezeichnet wird; hierbei handele es sich um Uranverarbeitung, hoch explosive Sprengstoffe und einen atomaren Sprengkopf«. Der zitierte IAEA-Bericht hebe hervor, daß das Projekt eine »militärische Atomdimension haben könnte und offensichtlich von der Regierung gesteuert werde«. Das New Yorker Tageblatt gab allerdings die US-Geheimdienstquellen nicht preis, sondern berichtete, die Unterlagen stammten von einem »Laptop, der im Iran ergriffen wurde«. Bereits zuvor hatte das Blatt in einem Artikel diese Geschichte vom iranischen Laptop publiziert. Demnach sollte das Gerät von jemandem im Iran, der nun tot ist, an jemanden weitergegeben worden sein, der es irgendwie außer Landes gebracht habe. Die US-Dienste haben der Atombehörde den Inhalt des ominösen Laptops gezeigt; die Behauptung, hierbei auf Baupläne für einen Atomsprengkopf gestoßen zu sein, erwies sich nach Meinung neutraler Experten als schlichtweg falsch. Tatsächlich handelte es sich um Pläne für ein sogenanntes ›re-entry vehicle‹ für eine Rakete.

Dieser Sachverhalt, sollte man meinen, müßte der Atombehörde eigentlich zu denken. In dem Iranbericht, der am 31. Januar 2006 veröffentlicht wurde, stellte der stellvertretende Behördenleiter aber heraus, daß es sich bei der Story um eine Präsentation von Fakten handele. Solcherart Erzählungen passen hübsch in das Gemälde vom Schurkenstaat Iran, das am 2. Februar 2006 noch einmal kräftig konturiert wurde: »Wir können es uns nicht leisten, einen Iran mit Atomwaffen zu haben«, sagte Präsident Bush in einem Interview mit der Nachrichtenagentur AP. »Wir wollen, daß sie Atomenergie haben, aber zu den von uns formulierten Bedingungen«. Wolle die iranische Regierung auf diese Bedingungen nicht eingehen, sei eine härtere Vorgehensweise unausweichlich. Offenbar griff der Präsident die Aussage des Staatssekretärs im Außenministerium Burns auf, der davon sprach, den »Iranern eine Lektion zu verpassen« (Daily Times/ Beirut vom 21.01.06). Ein Sprecher des US-Außenministeriums behauptete, das iranische Nuklearprogramm trage klar erkennbar militärische Züge. Es gebe Besorgnis erregende Verbindungen zwischen Aktivitäten zur Urananreicherung und militärischen Komponenten des Programms. »Man macht das, weil man eine Atomwaffe bauen will«, sagte er (FTD, 2/02/06).

Zur propagandistischen Offensive gehört es auch, die Verletzung von Menschenrechten anzuprangern und den Wunsch der iranischen Bevölkerung nach ›Demokratie und Freiheit‹, also den Sturz des theokratischen Regimes, zu verkünden. Auch hier vermischen sich Phantasie und Wirklichkeit zu einer selektiven, durch eigene Interessen gesteuerten Wahrnehmung.

Kriegspropaganda

Das American Enterprise Institute gilt als die einflußreichste Denk- und Beraterschmiede der Regierung Bush und der sie stützenden Kreise. Es verdient große Aufmerksamkeit, wenn dieses Institut mit einer Schrift an die Öffentlichkeit tritt, in der Mutmaßungen über den ›Schurkenstaat‹ als ›harte Fakten‹ verkauft und zum Sturz der iranischen Regierung aufgerufen wird. Die Publikation «Regional Initiatives by Michael Rubin et. al. Papers and Studies, War Footing: 10 Steps America Must Take to Prevail in the War for the Free World" wurde am 30. November 2005 veröffentlicht. Darin heißt es u.a.:

»Vor den Angriffen des 11. September war der Iran verantwortlich für den Tod von mehr als fünfzehnhundert Amerikanern – mehr als jeder andere Terrorismus unterstützende Staat oder jede terroristische Organisation in der Geschichte. Nach Pressemitteilungen schätzt der israelische Geheimdienst, daß der Iran mehr als 10 Millionen Dollar für terroristische Aktivitäten in Israel investiert hat. Der Iran ist die Schutzmacht der Hisbollah, seines radikalen schiitischen Terrorismusablegers, der versucht, der Bevölkerung des Libanon die Freiheit vorzuenthalten und der amerikanische und israelische Interessen und Besitzstände bedroht.

Trotz Differenzen in einigen religiösen Fragen unterstützt der Iran das despotische Regime in Syrien direkt, ferner palästinensische Terroristengruppen wie Hamas, Islamischer Dschihad und Fatah. Iran setzt alles daran, die Hamas zur dominierenden Kraft in den palästinensischen Gebieten zu machen als eine Verbündete, die das gemeinsame Interesse an der Vernichtung Israels vertritt.

Der Iran unterstützt direkt die meisten schiitischen politischen Bewegungen im Irak und deren Milizen. Es ist erwiesen, daß der Iran maßgeblich die Revolte in Najaf anzettelte.

Es gibt mehrere Anzeichen dafür, daß der Iran die Operationen von Al-Kaida im Irak tatkräftig unterstützt.

Schließlich gibt es da noch den Erwerb von Atomwaffen und ballistischen Raketen durch den Iran.«

Daraus wird gefolgert: »Wir haben viel zu lange den fast drei Jahrzehnte währenden Krieg des Iran gegen die Vereinigten Staaten zugelassen. Und, wenn wir da nicht effektiv in unmittelbarer Zukunft handeln, werden wir mit einem atomar bewaffneten terroristischen Regime konfrontiert, das nicht gezögert hat, amerikanische Bürger und amerikanische Interessen weltweit anzugreifen.«

Zum Sturz des ›islamofaschistischen Regimes‹ sollten die Vereinigten Staaten sämtliche Mittel und Möglichkeiten aktivieren. Nur so könne der ›Krieg für eine freie Welt‹ gewonnen werden.

Propaganda erscheint wie im Vorfeld des Irakkrieges auch im Konflikt mit dem Iran als ein geeignetes Mittel. Das US-Außenministerium errichtet gegenwärtig sogenannte »Iran Intelligence and Mobilization Centers« in Frankfurt, London, Istanbul, Dubai und Baku. Die Zentren sollen die öffentliche Meinung im US-amerikanischen Sinne über den ›Schurkenstaat‹ Iran aufklären und die örtlichen iranischen Exilgruppen fördern. Die Koordination dieser Tätigkeiten liegt beim neugeschaffenen Iran-Büro im Außenministerium; Leiterin ist die Tochter des US-Vizepräsidenten Elizabeth Cheney.

Quelle: Robert Dreyfuss, ›Next We Take Iran‹, *Mother Jones*, 28. Juni 2006

Der Iran – Zeitgeschichtlicher Überblick

Entwicklungen und Ereignisse in diesem Land, das nahezu die dreifache Größe der Bundesrepublik hat und rund 70 Millionen Einwohner zählt, sind von globaler Tragweite – sie haben Auswirkungen auf die gesamte islamische Welt, eine von Marokko bis Indonesien, vom Kosovo bis Nigeria sich erstreckende Großregion mit mehr als einer Milliarde Menschen. Nach 1979, dem Jahr der islamischen Revolution, hat sich das Ideengemenge des iranischen Islam, in dem sich Forderungen nach sozialer Gleichheit und Solidarität mit der Dritten Welt, Antizionismus und Antiamerikanismus mischen, in der gesamten islamischen Welt ausgebreitet.

Vor der islamischen Revolution. Der Iran zählt zu den wenigen Ländern der Dritten Welt, die nicht durchkolonialisiert wurden. Zudem handelt es sich beim heutigen Iran um das Kerngebiet eines ehemaligen Großreiches mit einer fast dreitausendjährigen Geschichte und einer den Vorderen Orient, weite Teile Zentral- und Südwestasiens prägenden Hochkultur. Dies hat Auswirkungen auf politische Kultur, gesellschaftliche Werte und nationale Identität. Negativ schlägt allerdings zu Buche, daß der Modernisierungsdruck, wie er von der Weltmarktentwicklung und den westlichen Machtzentren ausging, hier von einer politischen Klasse aufgefangen wurde, die für eine soziale und wirtschaftliche Rückständigkeit verantwortlich war, die ihren Interessen entsprach.

Soziale Verwerfungen, elende Lebensbedingungen, scharfe Repression bis hin zum offenen Staatsterror bildeten die Zutaten für den Umsturz gegen den Schah; ausschlaggebend war allerdings die Haltung der islamischen Geistlichkeit, die vom Schah-Regime als ein Hindernis auf dem Weg in die Moderne betrachtet wurde. In letzter Minute versuchte der Schah durch die Bildung einer Regierung der Nationalen Front seine Herrschaft zu retten, jedoch vergebens.

Das Schah-Regime wurde solange hingenommen wie materielle Zugewinne die Repressionen und Einschränkungen persönlicher Freiheiten überdeckten. Die brüchige Balance stieß Mitte der siebziger Jahre an ihre Grenzen:

- Die Bereicherungspraxis der auf wenige Familien begrenzten Herrschaftsgruppe;
- eine fehlgeleitete Wirtschaftspolitik, die es nicht schaffte, die Masse der im Zuge der sogenannten Weißen Revolution landlos gewordenen Bauern in industrielle Beschäftigungsverhältnisse einzubinden und statt dessen das Heer des urbanen Lumpenproletariats stark anschwellen ließ;
- eine Fehlallokation der Einnahmen aus dem Ölgeschäft zugunsten des militärischen Sektors, womit inflationäre Prozesse beschleunigt wurden und wodurch besonders die Mittelschichten litten, die nun ihre Regimeloyalität hinterfragten.

Die Zeit war reif für einen Systemwechsel. In ihren Anfängen war die nachmalige islamische Revolution eine breite Massenbewegung. Daß sie so rasch religiösen Charakter annahm, hängt im wesentlichen damit zusammen, daß der Klerus die einzige gut organisierte und über eine intakte Infrastruktur verfügende Gruppierung bildete. Die politische Opposition hingegen war vom äußerst effektiven Geheimdienst SAVAK nebst seinen US-amerikanischen und israelischen Instruktoren weitgehend zerschlagen worden; Gewerkschaften und linke Parteien wurden systematisch verfolgt, was vor allem auf die

Tudeh-Partei zutrifft, die älteste kommunistische Partei des Landes. Die iranische Gesellschaft war stark religiös geprägt geblieben. Daher wurde das schiitische Oberhaupt Khomeini, vom Regime ins langjährige Exil gezwungen, zum charismatischen Führer beim Umsturz.

Die Machtübernahme durch den schiitischen Klerus. Auf dem Weg zum ›Gottesstaat‹ griffen das religiöse Oberhaupt Khomeini und seine Gefolgschaft innerhalb der schiitischen Geistlichkeit schon bald nach der absoluten Macht.

Khomeini selbst nahm sofort nach seiner Rückkehr aus dem Exil Verhandlungen über eine »friedliche« Machtübergabe mit dem Generalstab auf und hatte Erfolg. Die reichen Basarhändler finanzierten die Bemühungen der Geistlichkeit, die Revolution unter Kontrolle zu bekommen. Sie organisierten Komitees, Schariah-Gerichtshöfe und bewaffnete Milizen, die wenig später landesweit gefürchteten »Revolutionswächter« (Pasdaran) und die »Partei Gottes« (Hisbollah).

Der erste Schritt zur Machtbefestigung nach dem Sturz des Schahs war die Übernahme der bis dahin weitgehend selbstverwalteten Fernseh- und Radioanstalten durch Khomeini-Anhänger. Binnen weniger Stunden wurden die Sender einer totalen Zensur unterworfen. Ein weiterer Schritt war die Berufung von Revolutionsgerichten, denen die Revolutionskomitees folgten. Diese hatten anfangs die Aufgabe, die Reste des alten Systems zu beseitigen. Führende Minister und Verantwortliche wurden ohne oder in überstürzten Verfahren zum Tode verurteilt und hingerichtet.

Zeitgleich griff Khomeini andere politische Parteien und Gruppierungen, selbst andere islamische Parteien an, die er als »verwestlicht intellektuell«, als korrupt und schädlich für die islamische Gesellschaft bezeichnete. Erkennbar wurde, daß es den neuen Machthabern vor allem darum ging, die politische Linke des Landes zu eliminieren.

Auch nationale und religiöse Minderheiten wurden nicht geschont. Schon vor der Volksabstimmung über das zukünftige politische System im Iran schickte Khomeini seine neuformierte Armee und die

Revolutionswächter in die kurdischen Landesgebiete, um dort die Autonomiebestrebungen im Keim zu ersticken.

Die neuen Herrscher ließen am 30./31. März 1979 die Bevölkerung in einer Volksabstimmung über die einfache Frage entscheiden, ob die Monarchie durch eine islamische Republik abgelöst werden solle. Zuvor hatte Khomeini mit der Parole »weder Republik noch Volksrepublik noch islamisch-demokratische Republik, nur islamische Republik« alle anderen, von liberal-demokratischen, links-islamistischen und linken Kräften vertretenen, möglichen Regierungsformen ausgeschlossen. Mit 98,2 % der Stimmen bejahten die Wähler die ihnen gestellte Frage.

Die Monarchie, bereits durch die Volkserhebung de facto beiseite geräumt, war damit endgültig beendet und es begann eine neue Ära in der iranischen Geschichte.

Die Staatsform »Islamische Republik« war nun durchgesetzt. Die neue Verfassung wurde am 2. Dezember 1979 nach einer weiteren Volksbefragung angenommen. Darauf gestützt, begannen Khomeini und die geistliche Führung im Iran ihr System der »absoluten Herrschaft der Rechtsgelehrten« zu festigen und auszubauen. So entstand ein Regime, das entschlossen war, jede Opposition, jede politische und gesellschaftliche Bewegung und jede Weltanschauung und Wertvorstellung, die seinen Vorgaben nicht entsprach oder den absoluten Machtanspruch der schiitischen Geistlichkeit auch nur im geringsten in Frage stellte, mit allen Mitteln, auch mit nackter Gewalt, zu bekämpfen.

Es folgten zwei Jahre blutiger und gnadenloser Verfolgung politischer Gegner sowie nationaler und religiöser Minderheiten. In Schnellverfahren wurden Hunderte von Menschen ohne jeglichen Rechtsbeistand zum Tode verurteilt und zum Teil öffentlich hingerichtet. Knapp zwei Jahre nach der Machtübernahme durch Ayatollah Khomeini war es diesem gelungen, durch massive Unterdrückung der demokratischen Freiheiten fast alle anderen politischen Kräfte – von liberaler Nationalfront bis zu liberal- und links-islamischen, gewerkschaftlichen, marxistischen, links-liberalen und national-liberalen Gruppierungen – zu zerschlagen bzw. ins ausländische Exil zu vertreiben.

Nach der Machtübernahme hat Khomeini nie einen Hehl daraus gemacht, daß er nichts von Demokratie, Freiheit und Menschenrechten hören wollte und daß er die totale, uneingeschränkte Macht für sich beanspruchte. Die »Friedhofsruhe«, die er in der Schahzeit so sehr beklagt hatte und gegen die sich das Volk erhoben hatte, wurde von ihm unter anderen Vorzeichen wiederhergestellt.

Die Säulen der Macht. Die wichtigste Säule der Islamischen Republik bildet der Rat der Rechtsgelehrten (welajate faghieh), der die absolute Herrschaft der Geistlichkeit garantiert und dem alle anderen Instanzen wie Regierung, Parlament und Justiz untergeordnet sind. Dank dieses Systems konnte die konservative Geistlichkeit fast zwanzig Jahre lang der Gesellschaft ihren Willen und ihre Vorstellungen aufzwingen. Doch seit geraumer Zeit mehrer sich Zweifel an der erzwungenen Islamisierung, die in Wirtschaft, Erziehung, Bildung und Kultur kaum Fortschritt und materielle Verbesserungen vorzuweisen hat. Bemerkenswert ist, daß die Skepsis über das System des welajate faghieh längst auch die iranische Geistlichkeit erfaßt hat. Viele in diesen Kreisen haben erkannt, daß der Islam, will er die Entwicklung der Zeit überstehen, sich grundlegenden Reformen unterziehen und mit den Grundsätzen eines bürgerlichen Rechtsstaates in Einklang bringen muß. Nach nun mehr als zwei Jahrzehnten sind in den sozialen Fundamenten der einstigen Revolution sichtbare Risse entstanden, die Säulen des islamischen Staates sind stark ins Wanken geraten. Die Bekundungen einer Parteinahme für die Unterschichten, für Habenichtse, für die Entrechteten und Beleidigten entpuppte sich spätestens seit dem Tod Khomeinis als pure Demagogie. Statt dem Volk zu dienen und die Lebensverhältnisse der Mittellosen zu bessern, haben die Mullahs in die eigene Tasche gewirtschaftet. Aus manchen ehemals mittellosen Stadt- und Dorfpredigern, die für ein Handgeld den Gläubigen himmlische Botschaften verkündeten, sind Multimillionäre mit vollen Bankkonten im Ausland geworden. Die ›Barfüßigen‹, wie die Unterschichten genannt werden, spüren diesen Raub des Volksvermögens tagtäglich am eigenen Leib. Heute lebt fast die Hälfte der iranischen Familien am Rande oder unterhalb des Existenzminimums.

Die andere, politische Grundlage des Gottesstaates, die Feindschaft gegen den Westen, schien zu Beginn der Herrschaft Khomeinis auch vielen Linken attraktiv. Der Glaube aber, diese Feindschaft richte sich gegen imperialistische Ausbeutung und diene der Unabhängigkeit des Landes, sollte sich bald als Irrtum erweisen. Der Hass, den die Mullahs gegen den Westen schürten, war in Wirklichkeit ein Hass gegen dessen progressive Elemente. Gerade deswegen hatte diese Feindschaft weniger außenpolitische als ökonomische, kulturelle und innenpolitische Ziele. Fortan sollte sie als Waffe gegen alles eingesetzt werden, was auch nur den Anflug des Emanzipatorischen hatte. Kritische Kunst und Literatur oder Publizistik, selbst moderne Freizeitformen und erst recht Forderungen nach Demokratie und Menschenrechten, insbesondere nach Gleichberechtigung zwischen Männern und Frauen wurden als Versuche westlicher Einflußnahme verdammt und unterdrückt.

Die Theokratie an der Macht veränderte den politischen Überbau des Landes. Die vom Schah-Regime übernommenen Wirtschaftsstrukturen blieben jedoch unangetastet. Es fand in diesem Bereich ein Elitenaustausch statt; an die Stelle der Hofcamarilla rückte nun die höhere Geistlichkeit als Profiteur.

Mitte der neunziger Jahre wurde deutlich, daß das starre theokratische Regime nicht in der Lage war, die drängenden sozialen Probleme des Landes zu lösen; sein Rückhalt in der Bevölkerung schwand. In dieser Lage schien es geboten, eine von oben gesteuerte, behutsame Reformpolitik einzuleiten.

›Reformpolitik in der Ära Khatami‹. Khatami, der im Mai 1997 von einer überwältigenden Mehrheit der Bevölkerung zum Staatspräsidenten gewählt wurde, war nicht der Initiator, sondern ein Produkt dieses Prozesses. Das Votum für ihn bedeutete in erster Linie eine Absage an die bisherige Politik, an den theokratischen Staat, an das verkrustete Weltbild der Mullahs, an die rigorose Repression und Zensur, an Unterdrückung, Mord und Terror. Aber die Wahl enthielt nicht nur eine Negation des Bestehenden, sie brachte den Willen der Bevölkerung zum Ausdruck nach mehr Freizügigkeit und Hoffnung auf materielle Verbesserungen. Daß bei diesem Votum Khatami den Sieg für sich buchen konnte, ist nicht allein damit zu erklären, daß es unter den Kandidaten keine bessere Alternative gab. Khatami stellte in seinem Wahlkampf die Einlösung der Wünsche der Bevölkerung in Aussicht, er forderte eine zivile Gesellschaft. Dabei geht es im Kern um die theokratische Natur der islamischen Republik. Die Reformer vertreten die Ansicht, daß die Position des geistlichen Oberhauptes, dem mehr Autorität zusteht als dem gewählten Staatspräsidenten, keine göttliche Legitimität hat. Selbst in klerikalen Kreisen stößt diese Ansicht auf positiven Widerhall, da sie befürchten, der Islam selbst könne durch die Unbeliebtheit des Regimes beschädigt werden. Es zeigte sich allerdings sehr bald, daß Khatami kein Revolutionär ist, nicht einmal ein entschiedener Liberaler. Er bekannte sich zu der Verfassung der Islamischen Republik, deren Substanz das System des welajate faghieh bildet. Doch gleichzeitig – und das ist das Interessante an dieser Figur – verkörperte er den Widerspruch in diesem System, der nach all den Jahren nun zur Reife gelangt war. Dieser eklatante Widerspruch zwischen der Form nach demokratisch-republikanischen Regeln und dem System des welajate faghieh ist unauflösbar.

Khatami wollte einerseits den Gottesstaat bewahren und andererseits eine zivile, pluralistische Gesellschaft gründen. Dieser Widerspruch war eine tägliche Zerreißprobe. Man kann Khatami weder mit den reaktionären Islamisten in einen Topf werfen, noch lässt er sich unter die säkularen Demokraten einreihen. Die Zwickmühle, in der der Staatspräsident steckte, war aus jeder seiner Handlungen deutlich spürbar. Er sprach zwar, wie einmal vor einer Versammlung der Studenten, von einem »islamischen Faschismus«, der dem Staat und dem Islam größeren Schaden zufüge als all die wirklichen oder vermeintlichen äußeren und inneren Feinde. Aber er ließ die Wurzel des Übels, das System des welajate faghieh unangetastet. So kam es, daß er der Wucht einer seitens der Islamisten freigesetzten Gewalt oft nichts als schöne Reden entgegen zu setzen vermochte. Hinzu kommt, daß ihm die Machtmittel des Staates nicht zur Verfügung standen. Der Wächterrat, der sogenannte Rat der islamischen Experten, der Schlichtungsrat, die gesamte Justiz, das Militär, zahlreiche Ministerien sowie etliche islamische und paramilitärische Organisationen befanden sich in der Hand der Theokraten. Über allem ragte noch die mit uneingeschränkter Macht ausgestattete Figur des religiösen Führers Khamenei. Dem Staatspräsidenten waren nahezu völlig die Hände gebunden, er hatte kaum Handlungsspielraum.

Die iranische Bevölkerungsmehrheit erwartete unter den Parolen von »Wandel« und »Reformen« einen verbesserten Lebensstandard und mehr politische und kulturelle Freiheit. Khatami verstand darunter Deregulierung, Privatisierung und Öffnung der iranischen Wirtschaft gegenüber ausländischem Kapital. Eine Zeit lang hat er die ökonomische Annäherung an die USA und EU systematisch vorangetrieben, selbst als die Nachbarstaaten Afghanistan und Irak mit Krieg überzogen wurden.

Seine theokratischen Gegenspieler lehnten diesen Kurs nicht grundsätzlich ab, befürchteten jedoch, daß die damit einhergehende Lockerung der festgefahrenen Machtstrukturen das Regime destabilisieren und sie ihrer hergebrachten Pfründe berauben würde. So hat Ayatollah Khamenei, der Nachfolger Khomeinis, immer wieder betont, Khatami sei ein »ehrenwerter und religiöser Mann«, und Reformen seien mit dem Islam vereinbar. Abzulehnen seien jedoch »westliche« Reformen. Im Inhalt ähnlich, wenn auch weniger höflich, warnten die Revolutionswächter.

Der außenpolitische Kurs der Annäherung an die Vereinigten Staaten blieb erfolglos; im Gegenteil firmierte das Land weiterhin als Schurkenstaat. Auch die Zusammenarbeit mit den europäischen Staaten konnte den Isolationsring um den Iran nicht lockern oder die wirtschaftliche Lage entscheidend verbessern. So gesehen, war der erneute politische Kurswechsel bei der Präsidentenwahl 2005 wenig überraschend.

2005: Restaurative Wende. Der Sieg Ahmadinedschads bei den Präsidentschaftswahlen 2005 widerspiegelte vor allem den politischen Bankrott der sogenannten Reformen Khatamis. Dieser hatte versprochen, den Lebensstandard zu heben und grundlegende demokratische

Irans Wirtschaft

Auf den ersten Blick ist der Öl- und Gasreichtum Irans beeindruckend. Mit nachgewiesenen Reserven von 132 Milliarden Barrel Rohöl und 27,4 Billionen Kubikmeter Gas verfügt das Land über die zweitgrößten fossilen Energievorkommen weltweit. Die Ölvorräte werden nach Angaben der iranischen Regierung circa 80 Jahre reichen; die Gasreserven sogar für rund 200 Jahre.

Aber: die Binnennachfrage nach Öl und Gas nimmt jährlich um 5,2 Prozent zu; bereits jetzt müssen verarbeitete Öl- und Gasprodukte importiert werden. Hält dieser Trend an, wäre der Iran gezwungen, Mitte des nächsten Jahrzehnts seine Ölexporte einzustellen. Vor 1978 betrug die Tagesförderung ungefähr 6 Millionen Barrel; gegenwärtig sind es lediglich 4,3 Millionen. Die Gründe dieses Rückgangs sind Zerstörungen durch den vom Irak angezettelten Krieg; mangelhafte Wartung der erhalten gebliebenen Anlagen; Veralterung der Anlagen, da aufgrund der US-amerikanischen Sanktionen keine moderne Technologie eingeführt werden kann, und schließlich Mißmanagement bei der staatlichen Ölgesellschaft. Vor diesem Hintergrund ergibt die friedliche Nutzung der Atomenergie als Alternative zu Öl und Gas durchaus Sinn.

Für eine Modernisierung der Ölförderanlagen werden laut iranischem Ölministerium in den nächsten zehn Jahren jährlich 4 Milliarden US-Dollar benötigt. Diese Mittel könnten zwar vom iranischen Staat aufgebracht werden, aber dringlich sind ausländische Direktinvestitionen, da der Iran nicht über das technologische Wissen verfügt, das für eine effiziente Öl- und Gasförderung notwendig ist. Dagegen stehen die US-Sanktionen; die iranische Regierung hat deshalb die Zusammenarbeit mit russischen und chinesischen Ölgesellschaften vorangetrieben, die außerhalb der OPEC operieren und Strafmaßnahmen durch die USA nicht fürchten. Andererseits wollen die führenden US-Konzerne am Geschäft mit dem Iran verdienen. Die Regierung Bush, ohnehin als ölfreundlich bekannt, wird sich diesem Anliegen auf Dauer kaum verschließen wollen.

Quellen: Cyrus Safdari, Iran needs nuclear energy, not weapons, *LMD*, November 2005; Pepe Escobar, Iran takes over Pipelineistan, *AToL*, 10. August 2005

Rechte durchzusetzen, doch keines der beiden Versprechen erfüllt. Er hatte auf Bewegungen der Arbeiter und Studenten reagiert, indem er jeweils näher an die Seite der Hardliner rückte, um die Opposition zum Schweigen zu bringen.

Schon in den frühen Jahren der islamischen Republik hatte es in der herrschenden Elite Auseinandersetzungen über die Wirtschaftspolitik gegeben, die Rolle des Staates in der Wirtschaft und die Öffnung des Landes für ausländische Investitionen betreffend.

Entsprechend den Interessen seiner Gefolgschaft bei den Basarhändlern hatte Khomeini versucht, die Auswirkungen des Weltmarkts auf die iranische Wirtschaft durch die Verstaatlichung der Banken und einiger Schlüsselindustrien, wie der Ölindustrie, zu begrenzen. Aber unter den Bedingungen der zunehmenden Globalisierung der kapitalistischen Ökonomie war es unmöglich, wirtschaftliche Entwicklungen im nationalen Rahmen zu halten und zu steuern.

Der irakisch-iranische Krieg (1980-88) blutete das Land aus. Die USA unterstützten in diesem Krieg hauptsächlich den Irak, bewegten sich aber manchmal auch auf den Iran zu, um durch das beidseitige Anheizen des Blutvergießens beide Regime zu schwächen. Trotz ihrer Propaganda gegen die Vereinigten Staaten und Israel arbeitete die iranische Führung mit diesen beiden Ländern in gewisser Weise zusammen, was durch die Iran-Contra-Affäre der USA enthüllt wurde. Das Weiße Haus unter Reagan organisierte damals geheime Waffenlieferungen an den Iran, um mit den Einnahmen aus diesem Geschäft den schmutzigen Krieg der Contras gegen Nicaragua zu finanzieren. Die langandauernde Metzelei zwischen den Militärmächten Irak und Iran hatte für die iranische Ökonomie nachhaltig verheerende Folgen, die auf die Unterschichten und den Mittelstand abgewälzt wurden.

Auf der anderen Seite hat eine kleine Schicht von Geistlichen und Geschäftsleuten einen enormen Reichtum angehäuft, indem sie die Reichtümer des Landes, insbesondere seine Ölreserven ausplünderten. Dieser Bereicherungsprozeß wird in den Augen der Öffentlichkeit durch Ayatollah Rafsandschani verkörpert, Ahmadinedschads Hauptkonkurrenten bei der Präsidentschaftswahl, der über ein Vermögen von mehr als einer Milliarde Dollar verfügen soll.

Die sozialen Gegensätze im Iran nehmen in wachsendem Maße gewaltsame Formen an. Schon Ahmadinedschads erstes halbes Amtsjahr war von Verhaftungen, Hinrichtungen und blutigen Zusammenstößen zwischen Demonstranten und Sicherheitskräften in den Kurdengebieten des Iran gekennzeichnet. Die Logik des chauvinistischen und religiösen Fanatismus, der von der herrschenden iranischen Elite benutzt wird, um die heimische politische und soziale Krise unter Kontrolle zu halten, nimmt offenbar in Kauf, daß durch repressive Politik im Innern die antiiranische militärisch-politische Front draußen gestärkt wird.

Auch wenn Ahmadinedschad sich die Enttäuschung und Abneigung in der Bevölkerung gegenüber den »Reformern« zunutze machte, hat er selbst keine Lösung für die gesellschaftliche und ökonomische Katastrophe, die Millionen Iraner betrifft. Trotz der gewaltigen Öl- und Gasvorkommen und des derzeit hohen Ölpreises leidet die iranische Wirtschaft unter einer starken Inflation, zu geringen Investitionen und einer heruntergekommenen Infrastruktur. Nach Schätzungen der Staatlichen Iranischen Ölgesellschaft benötigt die Ölindustrie in den kommenden zehn Jahren dringend 70 Milliarden Dollar, um die maroden Anlagen zu modernisieren.

UN-Wirtschaftssanktionen gegen den Iran werden die tiefe soziale Krise des Landes noch weiter verschärfen. Die Bevölkerung ist sehr jung – beinahe 50 Prozent sind unter 20 Jahre und 70 Prozent sind unter 30. Nur die Hälfte der einen Million Menschen, die jährlich neu auf den Arbeitsmarkt treten, kann einen Job finden. Bei den unter 25-Jährigen wird die Arbeitslosigkeit derzeit auf 42 Prozent geschätzt.

Daß sich die herrschende Klasse im Iran auf einen Politiker wie Ahmadinedschad stützen muß, ist ein Zeichen dafür, daß sie in einer politischen Sackgasse steckt. Da sie die Bedürfnisse und Erwartungen der iranischen Bevölkerung nicht erfüllen kann, sah sie sich gezwungen, einen populistischen Demagogen an die Macht kommen zu lassen, der auf Antizionismus und Chauvinismus setzt, um davon abzulenken, daß die Regierung die soziale Krise im Innern nicht zu lösen vermag und außenpolitisch mit dem Imperialismus kungeln möchte. Das Klima des nationalen Notstandes wird ausgenutzt werden, um die ohnehin sehr begrenzten politischen Rechte im Iran weiter einzuschränken und Oppositionelle wie auch Minderheiten zu verfolgen.

Viele Konservative fürchten jedoch im Kriegsfall um ihre ökonomischen Privilegien; momentan scheinen sie der Präsidialpolitik nichts entgegensetzen zu können. Ahmadinedschad zählt zur Gruppe der sogenannten Revolutionäre der zweiten Generation; dabei handelt es sich um die Kommandeure der Pasdaran (Islamische Revolutionsgarde, Sepah-e-Pasdaran), den Stoßtrupp bei der Etablierung der islamischen Republik. Der gegenwärtige Führungszirkel wird von diesen Männern gebildet, die einen strikten iranischen Nationalismus mit dem Glauben an die Überlegenheit des Schiitentums verbinden. Es ist anzunehmen, daß sie von einem Krieg reinigende Wirkungen erwarten, die ihnen bei der Umsetzung ihres Gesellschaftsmodells dienlich sein sollen. Das mag provokante Äußerungen von Regierungsvertretern auf dem diplomatischen Parkett erklären; denn unmittelbar nach Amtsantritt hat der Präsident fast den gesamten diplomatischen Dienst mit seinen Leuten besetzt.

Sicherlich ist ein Land wie der Iran militärisch kaum besiegbar. Aber es kann nicht ausgeschlossen werden, daß im Kriegsfall ethnische und religiöse Minderheiten ihre Haltung gegenüber der Machtzentrale Teheran überdenken. Das könnte zunächst auf die sunnitische Minderheit in der östlichen Provinz Belutschistan zutreffen, wo es seit langem Bestrebungen gibt, einen eigenen Staat zu gründen, der auch pakistanische Gebiete einschließen soll. Bislang haben die Regierungen Pakistans und des Iran diese Separationsabsichten unterbinden können. Ferner muß die Lage der arabischen Minderheit bedacht werden; die Provinz Khusistan grenzt an den Irak und beherbergt fast achtzig Prozent der iranischen Ölvorkommen. Ein Wegfall dieser Provinz wäre für Teheran nicht verkraftbar, und aus diesem Grund rechnen westliche Militärexperten damit, daß dort eine US-amerikanische Invasion beginnen und sich auf die Eroberung Khusistans beschränken könnte.

Im gegenwärtigen Konflikt um den Iran verdienen drei Staaten besondere Beachtung, die als Gegengewichte zu dem offenbar antiiranisch vereinten Westen anzusehen sind. Es sind dies in erster Linie Rußland und China, aber mit Einschränkungen auch Indien.

Die iranisch-russische Beziehungskiste

Der Iran war geographisch der Geburtsort des Kalten Krieges. Weder die Sowjetunion noch die westlichen Alliierten waren bereit, ihren Einfluß auf dieses Land bei Kriegsende 1945 aufzugeben. Sowjetischerseits wurden Sezessionsbestrebungen im aserischen und kurdischen Teil des Iran gefördert, gestützt auf die Anwesenheit der Roten Armee. Daß es der sowjetischen Regierung hier ausschließlich um eigene nationale Interessen ging, wird daran erkennbar, daß die örtlichen Verbündeten ihrem Schicksal überlassen wurden, sobald ein Agreement mit der Regierung in Teheran getroffen war. Die US-amerikanischen und britischen Verbände verließen ebenso wie die Sowjetarmee das Land; beide Lager bemühten sich jedoch weiterhin um Einfluß, wobei es für den Westen um Erdöl ging, während die Sowjets verhindern wollten, daß der Iran zum westlichen Aufmarschgebiet würde. Das Teheraner Regime nutzte die Rivalität der Großmächte geschickt aus, wie es übrigens viele Regierungen in der Dritten Welt taten.

Die Hinnahme der Unterdrückung der kommunistischen Tudeh-Partei, die in den Jahren sowjetischer Militärpräsenz im Iran wiedergegründet worden war, stellte auf dem Schachbrett der Großmächte aus Sicht des Kremls ein Bauernopfer dar. Die zwischenstaatlichen Beziehungen zum Schah-Regime sollten durch iranische Kommunisten nicht gefährdet werden. Und trotz seiner eindeutig pro-amerikanischen Haltung bewahrte sich der Schah genügend Handlungsfreiraum, um den großen Nachbarn im Norden nicht zu brüskieren.

Annäherung nach 1979. In den ersten Jahren der islamischen Revolution waren die sowjetisch-iranischen Beziehungen angespannt. Das hing mit der ideologischen Borniertheit des Religionsführers Khomeini zusammen, für den alles Unislamische verdammenswert war, was auch die Verfolgung von Sozialisten und Kommunisten begründete. Andererseits gab es Vorgänge, die Mißtrauen rechtfertigten: Das Eingreifen sowjetischer Truppen in Afghanistan deutete die Teheraner Theokratie als einen Kampf gegen die islamische Welt. Die sowjetische Regierung belieferte den Irak mit Ersatzausrüstungen, nachdem sich das Blatt im Krieg mit dem Iran gegen Bagdad wendete. Eine Wiederannäherung zwischen Teheran und Moskau setzte mit dem Tode Khomeinis ein; der Staatsbesuch des iranischen Präsidenten Rafsandschani 1989 in Moskau erbrachte eine Vielzahl von Verträgen, darunter einen über militärische Zusammenarbeit. Der Iran erhielt die Möglichkeit, sowjetische Spitzentechnologie auf militärischem Sektor zu kaufen, beispielsweise die neueste Version der MIG-Kampfjets. Eine solche Beschaffung schien Teheran dringend erforderlich, weil die iranische Luftwaffe im Irakkrieg schwere Verluste hatte hinnehmen müssen und Ersatzbeschaffungen der unter dem Schahregime von den Vereinigten Staaten ausgerüsteten Streitkräfte aus dieser alten Quelle nicht möglich waren.

Die Abhängigkeit des Iran von sowjetischem – nach 1991 russischem – Militärmaterial wuchs im Gefolge des zweiten Golfkrieges, des ersten Kriegs der USA gegen den Irak. Die Vereinigten Staaten etablierten sich dauerhaft am Persischen Golf; sie schlossen Militärverträge mit mehreren Anrainerstaaten, die die Einlagerung von Kriegsmaterial der US-Streitkräfte, die Errichtung von Militärbasen und Ausbildung der einheimischen Armee nach US-Muster beinhalteten. Saudi Arabien, der wichtigste US-Vasall, rüstete gewaltig auf. Für Teheran stellte diese Entwicklung eine massive Bedrohung dar.

Man kann davon ausgehen, daß die russische Militärhilfe für die Machthaber in Teheran von größter Bedeutung war. So wird verständlich, daß die islamische Republik die Unabhängigkeit Aserbaidschans im November 1991 zunächst nicht anerkannte; entgegen Tendenzen aus religiösen Kreisen, die Propaganda für ein islamisches Staatsmodell in den postsowjetischen Republiken Zentralasiens machten, nahm die iranische Regierung Rücksicht auf Rußland. Der erste Kampf um die Sezession Tschetscheniens (1994-96) wurde von Teheran nicht unterstützt, trotz des islamischen Charakters des Aufstandes. Auch gegenüber der ausgesprochen anti-moslemischen Politik Rußlands im Konflikt um Bosnien hielt sich die iranische Regierung mit Kritik zurück. Das mag aber auch mit eigenen Problemen zusammenhängen: Die Regierung in Aserbaidschan (1992-93) wünschte einen Anschluß der iranischen Provinzen mit aserischer Bevölkerungsmehrheit; die turkmenische Bevölkerungsgruppe im nordöstlichen Iran liebäugelte mit einem Anschluß an Turkmenistan.

Anfänge einer Allianz seit 1992. Die Sympathie, die der Iran für die Regierung Boris Jelzin besaß, wurde bereits 1992 deutlich. Trotz massiver Einsprüche Washingtons hielt Jelzin an den Waffenlieferungen für den Iran fest. Das hatte neben strategischen auch handfeste wirtschaftliche Gründe – der vom Niedergang bedrohte russische militärisch-industrielle Komplex benötigte dringend Aufträge; traditionelle Kunden im Vorderen Orient wie Syrien kamen angesichts ihrer eigenen Wirtschaftsmalaise dafür nicht in Frage. Gegenüber Damaskus waren schon sowjetische Forderungen im Umfang von mehr als 10 Milliarden Dollar aufgelaufen.

Außerdem dienten die guten Beziehungen zum Iran dem russischen Präsidenten zur Abwehr des Vorwurfs seiner Widersacher, Moskau sei zum Erfüllungsgehilfen der USA geworden. Die Ankündigung 1993, Rußland werde eine Nuklearanlage im Iran bauen, lag auf dieser Linie. Das Thema stand im Mittelpunkt des Gipfeltreffens mit US-Präsident Clinton im Mai 1995. Eine grundsätzliche Einigung kam nicht zustande. Allerdings gestand die russische Regierung den US-amerikanischen Gesprächspartnern zu, den Verkauf einer Gas-Zentrifugalanlage zu unterlassen. Diese Technologie hätte den Iran in die Lage versetzt, waffenfähiges Nuklearmaterial herzustellen. Eine Atommacht Iran lag auch nicht im russischen Interesse. Die US-amerikanische Kritik am Bau der Nuklearanlage in Buschir wurde von Moskau als kommerzielle Rivalität interpretiert.

Der russische Botschafter in Teheran sprach im Sommer 1995 vom Beginn einer strategischen Beziehung. Zu dieser Zeit tobte der erste Tschetschenienkrieg mit einem für Rußland absehbaren Desaster; Washington proklamierte die Osterweiterung der NATO. Der Diplomat bemerkte hierzu folgendes: Die Kooperation mit dem Iran sei mehr als eine Frage von Geld und Aufträgen für die russische Atomindustrie. Gegenwärtig könnte ein feindlich gestimmtes Teheran eine Menge Unannehmlichkeiten für Rußland im Nordkaukasus und in Tadschikistan herbeiführen, wenn es die moslemischen Aufständischen mit Waffen, Geld und Freiwilligen unterstützen würde. Andererseits könnte ein freundlicher Iran ein wichtiger strategischer Verbündeter in naher Zukunft werden. Die Osterweiterung der NATO zwinge Rußland, ein strategisches Gegengewicht zu schaffen, so die Meinung von realistischen Kräften.

Eine anti-westlich und anti-amerikanisch eingestellte Regierung des Iran wird von Machtstrategen in Rußland als ein gewissermaßen natürlicher Verbündeter gesehen. Ausgerüstet mit russischen Waffen, hochmodernen Seeminen, Torpedos und Schiffs-Raketen, könnte der Iran die Passage der Öltanker durch die Straße von Hormus blockieren und die westlichen Industriestaaten an einer sehr empfindlichen Stelle treffen. Wenn damit zu rechnen wäre, daß in einem solchen Krisenszenario russische Kampfflugzeuge und Raketenbatterien bereit stünden, den Iran vor US-amerikanischen Gegenschlägen zu schützen, würde es sehr schwierig werden, den Persischen Golf zu ›öffnen‹, ohne einen weiträumigen Krieg anzufachen.

Teheran wertete die bilateralen Beziehungen ähnlich positiv. So sprach der iranische Außenminister bei einem Aufenthalt in Moskau im März 1996 davon, daß die iranisch-russischen Beziehungen optimal seien. Er teile die Vorbehalte gegen eine NATO-Osterweiterung und versichere seinen russischen Gesprächpartnern, daß die iranische Regierung ihren Beitrag leisten werde zur Stabilität in Tadschikistan nach dem Ende des Bürgerkrieges. Ferner wurde das Interesse an einer gemeinsamen Erschließung der Ölvorkommen im Kaspischen Meer unterstrichen. Die beiden Regierungen schlossen einen milliardenschweren Vertrag über die Lieferung von russischen Militär- und Zivilausrüstungen.

Die Vorgänge in Afghanistan strahlten auf das Nachbarland Tadschikistan aus. Dort inszenierte eine Koalition aus gemäßigten Islamisten und westlich-orientierten ›Demokraten‹ einen Staatsstreich gegen die post-sowjetische Machtelite; der nachfolgende Bürgerkrieg wurde von den alten Machthabern dank russischer und usbekischer Militärhilfe gewonnen. Eine große Anzahl von Islamisten flüchtete nach Afghanistan; dort wurden sie empfänglich für einen militanten Islam. Dermaßen ideologisch gefestigt, gingen sie zum Untergrundkampf in ihr Heimatland zurück. In den folgenden Kämpfen wurden auch russische Soldaten getötet, so daß sich in Moskau die Furcht ausbreitete, in ein ›zweites Afghanistan‹ hineingezogen zu werden. Eine diplomatische Lösung schien daher geboten. Der Iran bot sich als Moderator an, schon deshalb, weil die Spitze der islamisch-tadschikischen Opposition im iranischen Exil lebte. Ein Friedensvertrag zwischen Regierung und islamischer Guerilla konnte im Februar 1997 geschlossen werden.

Die Wahl Mohammad Khatamis zum Präsidenten im Mai 1997 deutete einen Kurswechsel auch in der iranischen Außenpolitik an. Der neue Präsident versuchte eine Annäherung an Washington. Der Verzicht der US-Regierung, Sanktionen gegen französische, russische und malaysische Firmen zu erwirken, die Gasvorkommen im Süden des Iran erschließen wollten, und die Rede der US-Außenministerin Albright, in der sie dem Iran einen Weg zur Aussöhnung anbot, waren positive Signale aus Washington. Teheran reagierte jedoch nicht. Der Präsident war vom Parlament zurecht gewiesen worden. Bis zu den Wahlen 2000 bestimmten Hardliner die iranische Außenpolitik.

Der erfolgreiche Test einer iranischen Mittelstreckenrakete des

Typs Shihab III gab in den Vereinigten Staaten den Skeptikern Auftrieb. Nach Darstellung der CIA soll Rußland maßgeblich bei der Entwicklung dieses Raketentyps beteiligt gewesen sein; die russische Unterstützung beim Aufbau einer iranischen Nuklearindustrie gehe weit über den zivilen Bereich hinaus. Die US-Regierung belegte darauf hin mehrere russische Firmen und Forschungseinrichtungen mit Handelssanktionen. Moskau lenkte ein; so deutete der zuständige Minister für Atomenergie an, daß die Regierung bereit sei, die Zusammenarbeit mit dem Iran auf dem Gebiet der Nukleartechnologie zurückzufahren, falls die Sanktionen aufgehoben würden. Präsident Jelzin versprach, den Verkauf solcher nuklearer Ausrüstungen, die sowohl zivilen als auch militärischen Zwecken dienen könnten, einzustellen.

Die Wirtschaftskrise Mitte 1998 machte es der Kremlführung aber schwer, auf lukrative Geschäfte mit dem Iran zu verzichten. Andererseits war Rußland auf Zusammenarbeit mit den USA angewiesen. Die ökonomischen Probleme brachten eine ohnehin als unfähig und als ›Amerika-hörig‹ angesehene Regierung weiter in Mißkredit. Eine Kurskorrektur hin zu einer Politik des nationalen Interesses zeichnete sich ab: Die Nuklearanlage im iranischen Buschir sei ein Schlüsselprojekt, das ausschließlich von russischen Technikern und Wissenschaftlern aufgebaut würde, so der Atomminister im November 1998. Selbst finanzielle Kompensationszahlungen aus Washington könnten Rußland nicht von der Vollendung des Vorhabens abbringen.

Auch bei der Erschließung der Erdölvorkommen im Kaspischen Meer verdichtete sich die Zusammenarbeit zwischen Rußland und dem Iran. Ein Grund dafür war auch die Absicht der Anrainerstaaten Aserbaidschan und Georgien, der NATO beizutreten. Dies wog schwerer als die zum Nachteil des Iran verkündete russisch-kasachische Übereinkunft, das Kaspische Meer unter den Anliegern paritätisch aufzuteilen. Sie war aus iranischer Sicht insofern nachteilig, als die iranischen Küstengewässer kaum Ölvorkommen aufweisen.

Die OSZE (Organisation für Sicherheit und Zusammenarbeit in Europa) sprach sich auf ihrer Tagung in Istanbul 1999 für den Bau einer transkaspischen Erdgasleitung von Turkmenistan nach Baku und von dort in das Abnehmerland Türkei aus. Moskau hatte gehofft, den damit zu bedienenden Markt durch seine eigenen Gasvorkommen und Pipelines versorgen zu können. Teheran war ebenfalls an diesem Markt interessiert und wollte darüber hinaus sein Territorium für den Trassenbau weiterer Pipelines zur Verfügung stellen – ein in wirtschaftlicher Hinsicht realistischer Vorschlag, der jedoch von den Vereinigten Staaten mit Hinweis auf die politischen Verhältnisse zunächst negiert wurde.

Der russische Konzern Gazprom schloß nun überraschend ein Abkommen mit Turkmenistan über den Kauf von turkmenischem Erdgas zum Preis von 36 Dollar pro 1000 Kubikmeter, also oberhalb des Weltmarktpreises. Ferner orderte Gazprom für das Jahr 2000 den Großteil der Fördermenge Turkmenistans. Das Signal war klar: es gab für das zentralasiatische Land eine lukrative Alternative zur transkaspischen Gasleitung.

Allerdings wurden die russisch-iranischen Beziehungen durch den zweiten Tschetschenienkrieg belastet. Der Iran stellte 1999 den Vorsitz der Organisation der Islamischen Konferenz (OIK). Als Massaker von russischen Soldaten an der tschetschenischen Zivilbevölkerung bekannt wurden, war der Iran gefordert, Stellung zu beziehen. Einerseits konnten die Verbrechen nicht hingenommen werden, andererseits mußte Teheran darauf bedacht sein, die wichtige Zusammenarbeit mit Rußland nicht zu gefährden. Obwohl die iranische Regierung wiederholt klarmachte, daß Tschetschenien eine interne russische Angelegenheit sei, hielt sie mit der Kritik an den Methoden russischer Politik nicht zurück: »Die Islamische Republik Iran«, so der Sprecher des Außenministeriums im September 1999, »honoriert Rußlands territoriale Integrität, betrachtet aber Gewalt nicht als ein geeignetes Mittel im Umgang mit den jüngsten Ereignissen in Tschetschenien und Daghestan«. Auf das iranische Angebot, bei der Lösung der Krise zu helfen, entgegnete der russische Außenminister: »Wir beachten die Haltung der islamischen Länder zu den Vorgängen in Tschetschenien. Jedoch ist dies ein internes russisches Problem, und wir beabsichtigen, es unabhängig zu lösen ohne jegliche Hilfe und Einmischung« (Radio Free Europe/Radio Liberty, Iran Report, 18.

Oktober 1999). In der Folgezeit wuchsen die diplomatischen Spannungen zwischen den beiden Regierungen. Aus Sicht Moskaus zählte auch der Iran zu den Ländern, die tschetschenische Aufständische auf vielfältige Weise unterstützten. Das diplomatische Geplänkel diente offensichtlich dazu, die tatsächliche Verständigung zu kaschieren. Denn eine offizielle OIK-Delegation unter iranischer Leitung erhielt die Genehmigung, das Krisengebiet im Nordkaukasus zu besuchen und den Flüchtlingen humanitäre Hilfe zu geben. In einer offiziellen Stellungnahme erklärte die Delegation, die militärischen Operationen seien unangemessen, verzichtete jedoch darauf, die Politik Rußlands prinzipiell zu kritisieren.

Als sich abzeichnete, daß der zweite Tschetschenienkrieg langwierig würde, schlug Teheran einen härteren Ton an. Der iranische Außenminister machte seinem russischen Amtskollegen 2000 deutlich, daß der Krieg von der moslemischen Welt nicht hingenommen würde. Er forderte die russische Regierung auf, die Militärhandlungen sofort einzustellen und eine politische Lösung anzustreben. Trotzdem nahmen die bilateralen Beziehungen keinen allzu großen Schaden. Ursache hierfür war die US-Politik gegenüber dem Iran.

Mitte 1999 erreichte die Protestwelle gegen die Regierungspolitik in Teheran einen neuen Höhepunkt. Die iranische Opposition forderte mehr Reformen und wandte sich gegen die Allmacht der Theokraten. Anläßlich der Gedenkfeiern zur Besetzung der US-Botschaft 1979 rechnete Religionsführer Khamenei mit der Protestbewegung scharf ab. Für ihn war sie eine von den USA gesteuerte Minderheit, die den Sturz der islamischen Revolution betreibe. Der Grund des Hasses der Vereinigten Staaten auf die islamische Revolution liege darin begründet, daß der Iran der mit Abstand wichtigste Widersacher Israels sei. Mit dieser Deutung war das theokratische Selbstverständnis wieder gerade gerückt – den eigentlichen Ursachen für den wachsenden Protest brauchte dann nicht weiter nachgegangen zu werden. Jegliche Form des Dialogs mit Washington erschien jetzt als Verrat. Das iranische Außenministerium ließ im Januar 2000 verlauten, daß Gespräche mit Washington weder seriös noch erwünscht seien. Damit war der letzte Versuch Präsident Clintons, die Kontakte mit

Teheran zu ›enteisen‹, gescheitert. Der Präsident hatte der Firma Boeing die Genehmigung erteilt, die iranische Luftfahrtgesellschaft mit dringend benötigten Ersatzteilen zu beliefern, obwohl US-amerikanische Geheimdienste behaupteten, neue Informationen über die Unterstützung terroristischer Organisationen durch den Iran zu haben.

Vor diesem Hintergrund gewann die russisch-iranische Zusammenarbeit weiter an Bedeutung. Für beide Staaten sind Handels- und Militärbeziehungen wichtig. Der Iran bildet einen bedeutsamen Absatzmarkt für russische Exporte; Rußland ist für Teheran der zuverlässigste Lieferant von militärischen Ausrüstungen. Eine Stellungnahme des stellvertretenden Vorsitzenden des Verteidigungsausschusses der Duma, daß Iran ein regionaler Partner und die Kooperation mit diesem Staat langfristig angelegt sei (Janes Defense Weekly, 19. April 2000), weist auf die Kontinuität hin, auch unter Präsident Putin.

Russische Experten gehen davon aus, daß der iranischen Militärbedarf bis 2010 ein Volumen von ungefähr 20 Milliarden Dollar habe, davon könnten realistischerweise Aufträge über 6 bis 8 Milliarden an die eigene Rüstungsindustrie fallen. Dies, so die Begründung, würde ausreichen für eine Sanierung und Modernisierung des russischen Rüstungssektors. Zudem gibt es das russische Kalkül, der militärischen Überlegenheit der USA am Persischen Golf über einen hochgerüsteten Iran Paroli zu bieten.

Es liegt nahe, daß die Vereinigten Staaten die iranische Aufrüstung argwöhnisch beobachten, denn sie begrenzt die Vormachtstellung der USA in der Region. Einem künftigen Raketenprogramm des Iran kommt dabei besondere Beachtung zu. Das Land hat Kurzstreckenraketen nordkoreanischer Bauart in seinem Arsenal; der Bau von Raketen mit mittlerer Reichweite wird mit russischer Hilfe forciert. Nach Expertenmeinung, die sich auf die Auswertung von Testabschüssen stützt, ist dieses Waffensystem allerdings unausgereift, extrem störanfällig und erst langfristig verwendbar.

Bei den heutigen russischen Waffensystemen und Nuklearanlagen handelt es im wesentlichen um Konstruktionen aus sowjetischer Zeit. Die heute als Privatfirmen agierenden Unternehmen des russischen militärisch-industriellen Komplexes haben einen vergleichsweise geringen Aufwand für technische Aktualisierung. Dementsprechend hoch sind die Gewinne, denn die ausländischen Kunden bezahlen den marktüblichen Preis. Gegenüber der russischen Finanzbehörde werden diese Verkäufe normalerweise als Neuentwicklungen deklariert; die formal hohen Produktionskosten rechnen somit den zu versteuernden Gewinn herunter. Ein solches Geschäftsgebaren, das der Öffentlichkeit bekannt ist, kann nur funktionieren, wenn es auf höchster Ebene gebilligt wird.

Zur russischen Kundschaft zählen überwiegend Länder, die von den Vereinigten Staaten der Gruppe der Schurkenstaaten zugerechnet werden. Neben dem Profit gibt es aus russischer Sicht strategische Überlegungen, die für derartige Geschäfte sprechen: Das vom damaligen Premierminister Primakow entworfene Konzept einer ›multipolaren Weltordnung‹ ist bis heute außenpolitische Richtlinie; demzufolge ist es im russischen Interesse, einerseits die Zusammenarbeit mit dem Westen zu pflegen, andererseits aber das anti-westliche Lager zu fördern, als Gegengewicht zu den USA und als möglichen Einflußraum für Rußland.

Präsident Putin unterstützte 2001 die US-Okkupation Afghanistans; Waffenlieferungen an die Nordallianz, Einsatz russischer Spezialeinheiten, Informationsaustausch zwischen den Geheimdiensten und vor allem Materiallieferungen an die US-Armee gehörten dazu. In den westlichen Medien weitgehend verschwiegen wurde die ungeeignete Ausrüstung auf US-amerikanischer Seite; Hubschrauber fehlten, die in großer Höhe und unter widrigen Witterungsverhältnisse, wie sie in Afghanistan üblich sind, operieren können. Moskau stellte Spezialhubschrauber zur Verfügung, ohne die die Verfolgungsjagden nach den Taliban und der Bin-Laden-Truppe nicht möglich gewesen wären.

Fast zeitgleich vereinbarten aber Rußland und der Iran ein langfristiges Lieferprogramm über militärische und nukleare Ausrüstungen und Technologie im Wert von über 30 Milliarden Dollar.

Die Bush-Regierung unternahm verschiedene Anläufe, Moskau von dieser Zusammenarbeit mit dem Iran abzubringen. Dazu zählten beispielsweise in Aussicht gestellte Aufträge für die russische Raumfahrtbehörde und die Genehmigung, atomaren Müll aus Taiwan in Rußland einzulagern; laut Vertrag entscheiden nämlich die Vereinigten Staaten, wo und wie der Abfall von ihnen gelieferter Atomanlagen entsorgt wird.

Auf dem Gipfeltreffen Putin-Bush im Mai 2002 wurden die unterschiedlichen Auffassungen erneut deutlich. Die russische Seite konnte trotz finanzieller Anreize der USA nicht dazu bewogen werden, die Zusammenarbeit mit Teheran zu beenden. Im Mai 2003 vereinbarten Rußland und der Iran die Fortsetzung des gemeinsamen Atomprogramms, das die Lieferung von weiteren fünf Reaktoren vorsah.

Rechtlich war die russische Haltung korrekt. Denn das zivile Nutzungsprogramm hatte die uneingeschränkte Genehmigung der internationalen Atomenergiebehörde. Der Protest Washingtons, der Iran verstoße gegen internationale Vereinbarungen, erwies sich als haltlos und wurde von der Atombehörde IAEA entsprechend zurückgewiesen.

Zusammenfassend: An der ›Iran-Connection‹ wird deutlich, welchen Einfluß überkommmene Politikmuster im post-sowjetischen Rußland nach wie vor haben. Bedenkenswert ist hierbei auch, daß Waffengeschäfte weitgehend einer parlamentarischen Kontrolle entzogen bleiben – was freilich auch für weiter westlich gelegene Länder gilt. Für die Militär-Industriellen und die mit ihnen verbandelte Finanzoligarchie wäre demokratische Kontrolle abträglich und eine allzu große Öffnung gegenüber dem Westen nicht akzeptabel, was mit dem Hinweis auf die Rußland zustehende weltpolitische Geltung der russischen Öffentlichkeit plausibel präsentiert wird.

Die höchst aggressive Politik der Vereinigten Staaten in den letzten Jahren ist einer partnerschaftlichen Zusammenarbeit zwischen Rußland und den USA ohnehin nicht förderlich. Die dauerhafte US-Militärpräsenz in Zentralasien, entgegen ursprünglicher Absprache, und die Einbindung von Staaten wie der Ukraine, Georgien und Aserbaidschan in den US-Einflußbereich zeigen eindringlich, daß Washington keine anderen geopolitischen Interessen als die eigenen gelten läßt. Mit der Besetzung des Irak hat sich strategisch gesehen der Kreis um Rußland weiter geschlossen. Das offene Segment ist der Iran. Die Zusammenarbeit mit Teheran bedeutet für Rußland Schutz vor Umklammerung. Ein Verlust dieses strategischen Partners würde die eigene Sicherheit gefährden, zumal Rußland angesichts der anhaltenden wirtschaftlich-sozialen Probleme eine lange Phase außenpolitischer Ruhe und Stabilität benötigt.

Bedrohlich ist aus russischer Sicht auch, daß die Bush-Regierung den uneingeschränkten Zugriff auf Energieressourcen als zentrales Anliegen ihrer globalen Machtpolitik ansieht. Und Rußlands Rohstoffreichtum ist sicherlich ein besonders lohnendes Objekt.

Iran und Afghanistan

Der östliche Nachbarstaat Afghanistan rückte nicht erst seit dem sowjetischen Einmarsch 1979 ins Rampenlicht Teherans. Der frühe religiös-fundamentalistische Widerstand gegen eine modernisierungswillige Regierung in Kabul beunruhigte das Schah-Regime. Befürchtet wurde, daß ein erfolgreiches Experiment linker Kräfte in Afghanistan die Opposition im eigenen Land animieren würde – alles auf dem Hintergrund einer langen gemeinsamen Geschichte und kultureller Nähe.

Für die siegreichen Theokraten Teherans waren die Ereignisse 1979 beunruhigend, schienen sie doch einen sowjetischen Expansionsdrang zu dokumentieren. Es ist anzunehmen, daß die verschwörungstheoretischen Modellen zuneigende Geistlichkeit eine Unterstützung Moskaus für die Linke im Iran für wahrscheinlich hielt. Das wäre eine Begründung für den antisowjetischen Kurs, den die neuen Machthaber einschlugen, was im Blick auf den Bruch mit Washington außenpolitisch aberwitzig anmutete. Selbstverständlich unterstützte der Iran die schiitische Minderheit der Hasara in Afghanistan. Jedoch band der Krieg mit dem Irak viele Ressourcen, die ansonsten für den dortigen ›Dschihad‹ frei gewesen wären.

Der Abzug der Roten Armee fiel zeitlich zusammen mit dem Ende des Irakkrieges. Erst jetzt kann von einer Afghanistanpolitik des Iran gesprochen werden. Teheran war bemüht, das von den Sowjets hinterlassene Machtvakuum auszufüllen. Politische Fühler wurden damals zu politischen Gruppierungen auch außerhalb der schiitischen Hasara ausgestreckt, besonders zur Organisation des nachmaligen Präsidenten Rabbani und den tadschikischen und usbekischen Volksgruppen. Teheran war offensichtlich daran gelegen, eine Machtergreifung durch paschtunische Gruppierungen zu verhindern, denn diese waren im Krieg von Saudi Arabien und den Vereinigten Staaten massiv gefördert worden. Als ideologische Gegenleistung hatten sie sich der saudischen Staatsreligion des Wahabismus geöffnet, der die Schia als Ketzerei ansah und tatkräftig gegen sie vorging: Die an Brutalität kaum noch zu überbietenden Übergriffe wahabitischer Banden auf schiitische Heiligtümer und Geistliche im 18. und 19. Jahrhundert im nachmaligen Irak geben historische Zeugnisse dafür ab.

Umgekehrt war es erklärtes Ziel Saudi Arabiens und der USA jegliche Einflußnahme Teherans auf das ›post-sowjetische‹ Afghanistan im Keime zu ersticken. Das knüpfte an frühere Politik an: Die in den Iran geflohenen Afghanen, ca. zwei Millionen Menschen, wurden auf Veranlassung Washingtons von den Hilfslieferungen der Vereinten Nation weitgehend abgeschnitten. Daß US-saudische Waffenlieferungen an den afghanischen Widerstand nicht an pro-iranische Gruppen gingen, ist selbstverständlich. Die Furcht in den Regierungskreisen Teherans, ein von pro-amerikanischen Kräften geführtes Afghanistan würde von den USA als Basis zur Destabilisierung des Iran benutzt, ist nachvollziehbar.

Die iranische Position in Afghanistan verbesserte sich jedoch seit dem zweiten Golfkrieg. Die mit üppigen Geldern und sonstiger Logistik geförderten wahabistischen Gruppierungen in Afghanistan und der übrigen islamischen Welt verweigerten Saudi Arabien nicht nur die Unterstützung beim Kampf gegen den Irak; vielmehr übten die einstigen Günstlinge heftige Kritik an der Kollaboration mit den USA. Schlimmer noch: sie schlugen sich propagandistisch auf die Seite Bagdads.

Für Afghanistan bedeutet dies den eigentlichen Beginn des Bürgerkrieges: der ehemals saudische Zögling Hekmatyar ging mit seinen Truppen gegen die paschtunischen Gruppierungen vor und destabilisierte eine von diesen geführte Regierung von Anfang an. Die schiitische Minderheit schloß sich, wie sicherlich von Teheran gefordert, der Opposition an. Eine Fragmentierung entlang ethnischer Linien begann das politische Leben in Afghanistan zu bestimmen. Die Vereinigten Staaten, so wurde damals vielfach behauptet, hätten seit dem Rückzug der Sowjets Interesse an Afghanistan verloren. Tatsächlich hatten sie jedoch das Tagesgeschäft ihrem Verbündeten Saudi Arabien übertragen, so wie sie es schon bei der Mobilisierung gegen die Rote Armee in den 80er Jahren offenbar erfolgreich getan hatten.

Der Aufstieg der Taliban war zunächst eine Reaktion der paschtunischen Bevölkerungsmehrheit, um den schwindenden Einfluß auf die politischen Geschicke umzukehren. Daß sie dermaßen rückwärtsgewandt daherkamen, hängt wesentlich mit der Unterstützung durch Saudi Arabien zusammen. In den Taliban sah Riad die Chance, die politische Kontrolle über Afghanistan wiederzugewinnen und die nun im feindlichen Lager stehenden Ex-Günstlinge durch neue Kräfte zu ersetzen. Die religiöse Führung Saudi Arabiens, der Rat der Hohen Geistlichkeit, war von den neuen Zöglingen angetan; die saudische Wirtschaftselite sah in ihnen einen Erfüllungsgehilfen für lukrative Projekte, wie den Bau einer Erdgastrasse zur Versorgung des indischen Subkontinentes. Dank saudischer Hilfe konnten die Taliban 1996 die Macht über Kabul und weite Teile des Landes an sich reißen. Damit war für Teheran eine überaus bedrohliche Situation entstanden.

Die Taliban adaptierten die wahabitische Glaubensauslegung; der Kampf gegen die Schia war für sie Glaubensangelegenheit. Sie unterstützten Gruppen im Iran, die sich dem Kampf gegen die Theokratie an der Macht verschrieben hatten. Hierbei handelt es sich um Sunniten aus der mehrheitlich von arabisch-stämmigen Iranern bevölkerten Provinz Khusistan, einem Zentrum der Ölförderung. Ferner finanzierten sich die Taliban großenteils aus dem Drogengeschäft. Der Iran ist Transitland auf dem Weg zum Zielmarkt Europa. Zwar stand auf Drogenhandel und -besitz die Todesstrafe, was angesichts der hohen Profite aber nicht die erhoffte Wirkung hatte. Die iranische Drogenpolizei, unterstützt vom Militär, war überfordert, die lange und unwegsame Grenze zu Afghanistan wirksam zu überwachen. Pro Woche, so berichteten westliche Journalisten, würden zehn iranische Beamte und Soldaten in Kämpfen mit den Drogenbanden sterben. Internationale Unterstützung aus den entsprechenden Hilfsprogrammen der Vereinten Nationen scheiterte am Einspruch der USA.

Das Taliban-Regime ordnete die Schließung der iranischen Botschaft in Kabul an. Den Höhepunkt der Spannungen bildete die von Offiziellen des Regimes 1998 vorgenommene Erschießung von elf iranischen Diplomaten, die sich mit Billigung der Regierung in Kabul auf einer Mission im Norden Afghanistans aufhielten. Der Iran zog mehrere hunderttausend Soldaten an der Grenze zusammen. Ein Krieg konnte in letzter Minute verhindert werden.

Zwischenzeitlich verbesserten sich die Beziehungen Riad-Teheran. Das Talibanregime wurde für Saudi Arabien allmählich zu einer Belastung, besonders weil es sich hartnäckig weigerte, die bin-Laden-Truppe an die Vereinigten Staaten auszuliefern, und sämtliche Vorstöße seines saudischen Gönners in diese Richtung schroff zurückwies. Für Riad standen nun die lebenswichtigen Beziehungen mit den USA auf dem Spiel. Unter allen auswärtigen Kräften saß der Iran damals am längeren Hebel: Der militärische Kopf der Nordallianz Massoud war ein Vertrauter Teherans, der bis zu seiner Ermordung im September 2001 von Washington als ›der kommende Mann‹ hofiert wurde. Es war deshalb naheliegend, mit Teheran gemeinsam eine Ablösung der Taliban anzustreben. Die nun anlaufende Förderung des als Nordallianz bekannt gewordenen Bündnisses nichtpaschtunischer Kriegsherren erwies sich allerdings als nicht ausreichend, um die Taliban ernsthaft in Schwierigkeiten zu bringen. Die Frage stellt sich, ob seitens Saudi Arabiens und der USA alles getan wurde, das Regime militärisch zu bezwingen. Strategische Überlegungen sprechen dagegen:

An einem Afghanistan unter iranischer Mitwirkung war weder Riad noch Washington gelegen.

Der zersetzende Einfluß, der von den Taliban auf die zentralasiatischen Staaten ausging, sei es durch Förderung islamischer Widerstandsgruppen, sei es durch die Missionierung bei jugendlichen Randgruppen in der Region, kam den geopolitischen Plänen Washingtons entgegen. Es galt, nimmt man die Konzepte aus dem Umfeld des Council of Foreign Relations ernst, eine Zone von Instabilität entlang der Südgrenze Rußlands zu schaffen und Unruhe unter der moslemischen Bevölkerung in Chinas westlichster Provinz Sinkiang zu schüren.

Dies hilft zum Verständnis der zögerlichen, teilweise sogar als destruktiv zu bezeichnenden Rolle der USA bei der Stärkung der Anti-Talibankräfte. Der 11. September lieferte der US-Regierung dann den Vorwand, bei internationaler Unterstützung, im Konfliktfeld Afghanistan nach eigenen Vorstellungen zu operieren und dort geopolitische Ziele in eigener Regie zu verwirklichen.

Fernverbindung: Von Peking nach Teheran

Im Jahr 1922 wurden diplomatische Beziehungen zwischen dem Iran und der Republik China aufgenommen. Allerdings brach die chinesische Revolutionsregierung 1949 die Beziehungen ab. Iran schloß sich 1951 der UN-Resolution an, die die Volksrepublik China als Aggressor im Koreakrieg verurteilte. Teherans Beitritt zum Bagdadpakt 1955 wertete die Führung in Peking als feindlichen Akt, der darauf abziele, die kommunistischen Länder durch ein militärisches Netzwerk einzukreisen. Die Konflikte mit der Sowjetunion veranlaßten Peking dann jedoch, die bisherige Außenpolitik zu überprüfen; es galt, neue Bündnisse mit den Staaten der Dritten Welt zu entwikkeln, auch wegen der massiven US-Militärpräsenz im Nachbarland Vietnam. 1970 enthielt sich der iranische Vertreter erstmals bei der Abstimmung über die Aufnahme der Volksrepublik China in die Vereinten Nationen; früher hatte das Schah-Regime die US-amerikanische Politik in der ›Chinafrage‹ mitgetragen. Das von Teheran ausgesandte Signal wurde von der Pekinger Führung wohlwollend aufgenommen; die diplomatischen Beziehungen wurden wiederhergestellt. Für den Iran gilt seither die Volksrepublik als »einzige legale Regierung Chinas«. In der Folgezeit verbesserten sich die Beziehungen stetig, zumal das hochgerüstete Schah-Regime den ›Rotchinesen‹ als Bollwerk gegen vermeintliche sowjetische Aggressionsgelüste in Richtung Persischer Golf galt. Ungeachtet seiner brutalen Repressionspraxis wurde Teheran als verläßlicher Verbündeter der Volksrepublik gewürdigt.

Nach der islamischen Revolution wäre eine Abkühlung in den Beziehungen zu erwarten gewesen. Aber mit Beginn des irakisch-iranischen Krieges wurde China zu einem hochgeschätzten Partner der Theokraten an der Macht.

Die Volksrepublik war während des Irakkrieges einer der wichtigsten Waffenlieferanten; neben dem kommerziellen Interesse lag Peking offensichtlich viel daran, strategische Optionen wahrzunehmen. Denn der Iran war politisch weitgehend isoliert, seine nach chinesischer Lesart anti-imperialistische Politik entsprach dem eigenen

Wunsch, bei den Staaten der Dritten Welt Einfluß zu gewinnen; eine Kooperation mit Teheran bot sich deshalb an. Die kriegsbedingte Verständigung zwischen beiden Staaten überstand auch den Waffenstillstand, bei dem übrigens die chinesische Diplomatie eine wichtige Vermittlerrolle spielte.

Der zweite Golfkrieg und die veränderte Weltlage nach dem Zusammenbruch der Sowjetunion eröffneten dem Iran neue außenpolitische Möglichkeiten. Die Verständigung mit dem postsowjetischen Rußland gehört dazu, ebenso die Aussicht auf Einflußnahme in den unabhängigen Republiken Zentralasiens. Andererseits hatte der Krieg von 1990/91 die Militärpräsenz der Vereinigten Staaten im Persischen Golf verfestigt. Für Teheran war es daher wichtig, sich noch stärker zu wappnen. Die Beziehungen mit China haben seitdem im wesentlichen Waffenlieferungen zur Grundlage.

Der Aufrüstung des Iran haben gelegentliche Unterbrechungen chinesischer Lieferungen von Rüstungsgütern und -technologie keinen Abbruch getan, denn in der Nähe von Isfahan wurde eine hochmoderne Fabrik zum Bau von Mittelstreckenraketen des Typs M-11 fertiggestellt. Nach offiziellen Angaben soll Nordkorea diese Produktionsstätte gebaut haben. Möglicherweise trifft dies nur vordergründig zu. Vieles spricht dafür, daß es sich hierbei um ein chinesisches Projekt handelt. Nach Ermittlungen des Stockholmer Forschungsinstituts SIPRI sollen in Isfahan auch Scud-Raketen produziert werden, allerdings eine ›abgespeckte‹ Version von mittlerer Reichweite. Es ist unklar, ob es sich hierbei um die ursprüngliche russische Version oder den chinesischen Lizenznachbau handelt.

Als Faustregel für die Einschätzung der chinesischen Politik gegenüber dem Iran kann sicherlich gelten, daß Peking die wirtschaftlichen Beziehungen zu den Vereinigten Staaten zu wichtig sind, um sie durch einen vergleichsweise unbedeutenden Faktor, wie ihn der Iran darstellt, massiv zu gefährden. Das heißt auch, daß Washington erfolgreich Druck auf die Volksrepublik ausüben kann. Aber diese einfache Rechnung hat an Aussagekraft eingebüßt spätestens seit dem Machtantritt der Bush-Regierung. Die nun unverhohlen gegen China gerichtete US-Militärstrategie und das von Regierungskreisen in

Washington publikumswirksam verbreitete mittelfristige Bedrohungsbild der USA durch China als kommender Weltmacht werden in Peking sicherlich zur Kenntnis genommen. Damit dürfte dort die Kooperation mit Teheran eine größere und längerfristige Dimension annehmen.

Labiles Verhältnis: Indien – Iran

Ein Ergebnis der politischen Inventur, die von der iranischen Führung nach dem Krieg mit dem Irak vorgenommen wurde, war es, die Isolation durch bessere Kontakte und Beziehungen mit anderen Staaten aufzubrechen. Hierzu zählt vorzugsweise Indien.

Beide Gesellschaften blicken auf eine gemeinsame Geschichte mit einer sehr langen Tradition zurück, die durch den britischen Kolonialismus vorübergehend blockiert war. In den Jahren nach 1945 waren die indo-iranischen Beziehungen spannungs- und mitunter sogar konfliktträchtig. So stand der Iran zeitweise fest im westlichen Lager, während Indien in der Ära Jawaharlal Nehrus der Führersprecher der blockfreien Staatengemeinschaft war. Der Beitritt des Iran zum Bagdadpakt und seinem Nachfolger, dem ebenfalls US-dominierten CENTO Militärbündnis, wurde von Neu Delhi sehr argwöhnisch betrachtet, auch deshalb, weil Pakistan, Indiens Erzfeind, dieser Liaison angehörte.

Die politische Nähe des Schahregimes zu Pakistan hatte mehrere Gründe. Der arabische Nationalismus der 50er und 60er Jahre, forciert vom damaligen ägyptischen Präsidenten Nasser, hatte die Überwindung autokratischer und monarchistischer Regimes in der Region zum Ziel, die als Marionetten des Westens betrachtet wurden. Teheran versuchte diese Drohung auf zwei Wegen außer Kraft zu setzen; einmal durch Hinwendung zu denjenigen Staaten, die sich als islamistisch empfanden; zum zweiten durch eine engere Zusammenarbeit mit den nicht-arabischen Staaten der moslemischen Welt. Unter beiden Aspekten fiel Pakistan eine herausragende Rolle zu.

Gegenüber Indien wurde diese Politik mit Hinweis auf nationale

Sicherheitsinteressen begründet, was vordergründig einleuchtete, jedoch mit Blick auf die Position Teherans beim Bürgerkrieg in Kaschmir wenig überzeugte. Außerdem unterstützte das Schahregime Pakistan im Krieg 1965 gegen Indien. Daß der Iran die indische Seite im Krieg gegen die Volksrepublik China (1962) gestärkt hatte, konnte diesen Affront nicht aufwiegen.

Die indo-iranischen Beziehungen beschränkten sich für längere Zeit im wesentlichen auf den wirtschaftlichen Bereich. Das Bemühen des Iran um eine eigenständige Regionalpolitik mit dem Ziel der Vormachtstellung erforderte, um erfolgreich zu sein, eine solide wirtschaftliche Basis. Der indische Markt war für den Iran ungleich wichtiger als der pakistanische. Daher zeichnete sich seit den späten 60er Jahren auch eine Annäherung auf politischer Ebene zwischen dem Iran und Indien ab. Gefördert wurde dies durch die Umorientierung Pakistans: Nach der verheerenden militärischen Niederlage 1971 und der Abspaltung Ostpakistans zum neuen Staat Bangladesch war Islamabad bemüht, den Islam als Faktor nationaler Identitätsstiftung noch stärker hervorzukehren. Das sich nun strikt islamistisch darbietende Pakistan in der Ära Ali Bhutto fand seinen Platz und Anerkennung in der arabischen Welt. Aus Sicht Teherans wechselte damit der frühere Partner ins feindliche Lager.

Das wirtschaftliche Fundament der indo-iranischen Beziehungen trat im Krieg 1971 deutlich hervor. Die iranische Regierung widersetzte sich allen Bemühungen des CENTO-Partners Pakistan, das Militärbündnis zu aktivieren; ebenso wurde die pakistanische Forderung abgelehnt, der Iran möge die Wirtschaftsbeziehungen zu Indien abbrechen. Teheran unterstützte Pakistan allerdings zu einem späteren Zeitpunkt, als es galt, den drohenden Zerfall dieses Staates zu verhindern. Ein solcher hätte den Separationsbestrebungen im iranischen Teil Belutschistans Auftrieb gegeben, antreibend bei anderen ethnischen Minderheiten im Iran.

Die Welle der Ölpreiserhöhungen nach 1973 stärkte die wirtschaftliche Position des Iran, der nun für indische Waren- und Technikexporte an Bedeutung gewann. Vor diesem Hintergrund nahm die indische Regierung die Politik des Schahs hin, Pakistan vor allem mit

Blick auf stabile Verhältnisse in Belutschistan umfangreiche Entwicklungshilfe zu gewähren.

Die Anfänge der islamischen Revolution wurden von Neu Delhi begrüßt, das hier die Tendenz zu einer blockfreien Neutralitätspolitik vermutete und sich, wie viele andere auch, von der anti-imperialistischen Rhetorik der siegreichen Theokraten beeindrucken ließ. Das sollte sich jedoch bald ändern, als die iranische Geistlichkeit sich der weltweiten islamischen Sache auf ihre Weise annahm. Im Kaschmir-Bürgerkrieg unterstützte sie massiv die islamische Seite; sie forderte von der indischen Regierung, der moslemischen Minderheit, die nach Ansicht Teherans schikaniert und diskriminiert wurde, Rechte einzuräumen.

Erst nach dem zweiten Golfkrieg begann eine Periode der Wiederannäherung. Neu Delhi war aus strategischen Gründen hieran gelegen, denn die nunmehr als endgültig anzusehende US-Militärpräsenz im Vorderen Orient bedeutete einen gravierenden Umbau der regionalen Machtarchitektur und damit die Eingrenzung der indischen Machtansprüche. Es war naheliegend, den Iran, das letzte ernstzunehmende Bollwerk gegen den Einfluß der USA, zu unterstützen. Auch fand die iranische Politik in der Nach-Khomeini-Ära zu einer pragmatischer ausgerichteten Außenpolitik zurück, was die neuerliche Verständigung erleichterte.

Wie zu Schah-Zeiten prägen vor allem wirtschaftliche Bedürfnisse die heutigen Beziehungen der beiden Staaten zueinander. Indien ist einer der weltweit größten Konsumenten von Erdöl und -gas, das weitgehend Importen entstammt. Der Iran benötigt Einnahmen aus der Energieausfuhr für seine Staatsfinanzen und seine wirtschaftliche Entwicklung. Deshalb sind beide Staaten an einer Kooperation in diesem Bereich interessiert. Für die indische Volkswirtschaft ist der Zugang zu billigem Erdöl von elementarer Bedeutung. Hat das gegenwärtige Weltmarktpreisniveau dauerhaft Bestand, so ist Indien angesichts einer schwachen Zahlungsbilanz und hoher Verschuldung nur unter großen Schwierigkeiten in der Lage, seine Energieimporte zu finanzieren. Der Iran verfügt über riesige Erdgasvorkommen, die bisher nur teilweise vermarktet werden. Hier bietet sich eine

Ersatzlösung zum Erdöl an – interessant für den iranischen Export wie für den indischen Import.

Der Bau einer Erdgastrasse vom Iran nach Indien ist ein erstes Vorhaben in diesem Zusammenhang. Nach mehrjährigen zähen Verhandlungen mit Pakistan, über dessen Territorium die Pipeline verlaufen soll, wurde Anfang 2001 der Vertrag für dieses Projekt unterzeichnet. Die Investitionssumme wird auf annähernd drei Milliarden Dollar veranschlagt. Das Projekt stellt eine kostengünstige Alternative zum bereits existierenden Exportweg von Flüssiggas dar, das in Spezialschiffen vom Iran nach Indien transportiert wird. Die internationalen Energiekonzerne sind von der Attraktivität des indischen Marktes überzeugt. So erklärten die Firmen Shell, British Gas und der malaysische Staatskonzern Petronas 1998 ihre Absicht, eine 1.400 Kilometer lange Erdgasleitung zwischen der Lagerstätte Pars im Persischen Golf und dem pakistanischen Hafen Karatschi zu bauen. Der Anschluß nach Indien soll von der australischen BHP-Gruppe geschaffen werden. Shell will eine weitere Leitung zum indischen Hafen Moritan legen. Diese Vorhaben sind jedoch noch nicht vertragsreif. Bemerkenswert ist, daß die Konzerne offenbar bereit sind, sich über die Sanktionspolitik der Regierung der Vereinigten Staaten hinwegzusetzen, die jede Investition im Iran im Wert von mehr als 20 Millionen Dollar ahndet. Im November 2002 gab der russische Gazprom-Konzern, Weltmarktführer bei Erdgas, bekannt, daß eine Unterwasserpipeline zwischen dem Iran und Indien gebaut werde. Im pakistanischen Teil der Trasse wird eine Abzweigung zum Festland eingerichtet.

Der Iran wiederum ist zwischenzeitlich zu einem wichtigen Exportmarkt indischer Technologie geworden. Auch hier wird offensichtlich die US-Sanktionspolitik nicht ernst genommen.

Indien nutzt das Bemühen des Iran, aus der Isolation auszubrechen, wirtschaftlich für sich; zugleich muß Neu Delhi bestrebt sein, den Erzfeind Pakistan durch Verbündete im islamischen Lager zu mäßigen. Dabei kommt dem Iran eine wichtige Funktion zu. Selbst beim Kaschmirkonflikt gibt es mittlerweile eine Annäherung der Standpunkte: Die Haltung der iranischen Regierung, die nationale

Integrität Indiens anzuerkennen, bedeutet eine Absage an jegliche Separationsbestrebungen. Gleichzeitig erklärt dazu Teheran, daß ›Terrorismus‹ abzulehnen sei, eine für einen ›Schurkenstaat‹ bemerkenswerte Position. Auf iranische Initiative hin verabschiedete die Organisation der Islamischen Konferenz im November 2000 einen Appell, den Kaschmirkonflikt im Rahmen der »internationalen Staatengemeinschaft« zu lösen.

In der sogenannten Deklaration von Teheran im April 2001 stimmen Iran und Indien darin überein, gegen den grenzüberschreitenden Terrorismus, vor allem in Zentralasien, vorzugehen, was auch dessen wesentliche Finanzquelle, den Drogenhandel, einschließt.

Politisch gesehen, bieten sich Indien seit der US-Besetzung Afghanistans indes neue Optionen: Neu Delhi wird in den strategischen Planungen Washingtons als Partner benötigt, vor allem um so die Aufmarschbasis Pakistan zu stabilisieren. Indien seinerseits, beflügelt vom Hindu-Nationalismus, hat Großmachtambitionen, bei denen die Zusammenarbeit mit dem Iran lediglich eine von mehreren Möglichkeiten darstellt.

Gegenwärtig sind langfristige feste Bündnisse nicht zu erkennen, immerhin verdichten sich aber Kooperationen zwischen Indien und dem Iran.Im Januar 2003 unterzeichneten die beiden Staaten eine sogenannte Strategische Kooperationsvereinbarung, die nach Angaben des Fachblattes *Jane's Defence Weekly* Rüstungs- und Energiegeschäfte beinhaltet, vermutlich im Umfang von 25 Milliarden Dollar. Im März des gleichen Jahres, zu Beginn des US-Krieges gegen den Irak, hielten die iranische und die indische Kriegsmarine erstmals gemeinsame Manöver ab. Der mit indischer Hilfe im Bau befindliche neue Kriegshafen in Schahbahar paßt in das Bild einer verstetigten Zusammenarbeit; obwohl von offizieller Seite dementiert, soll ein Geheimvertrag existieren, der Indien im Falle eines Krieges mit Pakistan die Nutzung iranischer Stützpunkte erlaubt.

Die strategische Einkreisung Pakistans besitzt für Neu Delhi große Bedeutung; dies wird auch deutlich an der indischen Afghanistanpolitik, wo die Anti-Talibankräfte und gegenwärtig die Kabuler Marionettenregierung indische Unterstützung erhielten und erhalten: Die

Taliban und der afghanische Widerstand heute werden von Indien als verlängerter Arm Pakistans gesehen. Die indo-iranische Zusammenarbeit trägt zur Aufrechterhaltung der jetzigen Machtverhältnisse in Afghanistan bei; ob dies von der US-Regierung honoriert wird, ist offen. Die diplomatischen Signale der indischen Regierung, den Kaschmirkonflikt friedlich beizulegen, lassen Skepsis gegenüber den Vereinigten Staaten erkennen. Ein andauernder Krieg in dieser Provinz würde den USA einen Vorwand liefern für eine ›Friedensmission‹, vermutlich mit Billigung der Vereinten Nationen. Eine US-Militärpräsenz dort würde aber die Großmachtambitionen Indiens fürs erste auf Eis legen. Die Weigerung Neu Delhis, trotz verlockender Versprechungen seitens der Regierung Bush, Truppen in den Irak zu senden, war Zeichen einer auf Eigenständigkeit bedachten Außenpolitik. Die im Jahr 2006 beschlossene Zusammenarbeit zwischen den Vereinigten Staaten und Indien im Bereich der Nukleartechnik steht dazu nicht im Widerspruch, denn es waren die USA, die weitreichende Zugeständnisse an Indien machten, so die Zustimmung zu dem Pipelineprojekt Iran-Pakistan-Indien.

Allerdings ist es wenig wahrscheinlich, daß die Kooperation Teheran-Neu Delhi einem massiven US-amerikanischen Druck standhalten würde.

Kapitel 3
US-Domäne Naher Osten

Im Februar 1979 wäre die Machtarchitektur der Vereinigten Staaten im Nahen und Mittleren Osten beinahe zusammengebrochen: Durch die Revolution im Iran war der zweite regionale Statthalter neben Israel hinweggefegt. Bis in die Gegenwart hinein können die USA in dieser wegen ihres Ölreichtums bedeutsamen Region ihre Interessen nun nur über den verbliebenen, dauerhaft zuverlässigen Verbündeten Israel wahrnehmen. Dies barg und birgt jedoch große Risiken neben erheblichen Kosten für den Unterhalt der israelischen Hi-Tech-Armee und für die Alimentierung eines Staates, der auf sich gestellt seinen hochgezüchteten Militärapparat nicht finanzieren könnte. Zwar erfüllt Israel auf den ersten Blick die Funktion eines willigen Erfüllungsgehilfen der USA, es verfolgt aber auch eigene Ziele, die nicht immer identisch mit den oder funktional für die US-amerikanischen Interessen sind. Die US-Invasion des Irak verdeutlicht die Grenzen und Schwächen der US-Politik im Nahen Osten: Die Festigung der Hegemonieposition dort erfordert eine dauerhafte starke militärische Präsenz. Insofern wäre die Unterwerfung des Iran ein ›Befreiungsschlag‹ aus einer Lage, in der nur auf die eigene Stärke, nicht aber auf regionale Kooperation gerechnet werden kann. Die Geschichte zeigt, daß Hegemonie, wenn sie dauerhaft sein soll, eine tragende Basis im beherrschten Terrain benötigt. Diese ist gegenwärtig auch wegen des besonderen Siedlerkolonialismus Israels im Nahen Osten für die USA nicht gegeben, und im eigenen Machtbereich ist Israel zur Aggression nach außen bzw. Unterdrückung nach innen gezwungen, weil eine Teilhabe der autochthonen Bevölkerung an der Macht ausgeschlossen ist. Beherrschung gelingt zwar auch dann über einen gewissen Zeitraum hinweg; aber das Beispiel des Siedlerregimes in Südafrika verdeutlicht, daß technologische Überlegenheit und materielle Ressourcen nur zeitweilig die Macht sichern können. Für die Vereinigten Staaten ist auf Dauer eine Position im Nahen Osten, nur gestützt auf Israel, unhaltbar; die Lösung der Iranfrage wäre dabei ein beinahe schon verzweifelter Versuch, Herrschaft zu retten.

Selbstverständlich haben sämtliche US-Regierungen vor Präsident Bush versucht, den aus der Kontrolle geratenen Iran wieder einzufangen, allerdings vergeblich. Der aktuelle Konflikt wegen des vorgeblichen atomaren Drohpotentials der Islamischen Republik Iran ist nur ein Meilenstein in einem über fünfundzwanzigjährigen Bemühen, ein Land, das den Weg in Eigenständigkeit gewählt hat, gefügig zu machen – über Stellvertreterkrieg, Unterstützung oppositioneller Kräfte, Wirtschaftssanktionen bis hin zu Sabotageakten.

Die Frage stellt sich, warum die USA zum gegenwärtigen Zeitpunkt erneut an der Eskalationsschraube drehen und sich dabei so festgelegt haben, daß eine Beilegung des Konfliktes nur dann möglich ist, wenn der Gegenspieler substantielle Zugeständnisse macht. Gegen dieses US-Säbelrasseln spricht zunächst die Lage in der neuen Kolonie Irak, wo entgegen allen Erwartungen der Widerstand ungebrochen und die politische Zukunft ungewiß ist. In einer solchen Situation eine neue Aggression zu beginnen, ist riskant. Allerdings würde eine Beseitigung des Hindernisses Iran den Vereinigten Staaten erhebliche Zugewinne bringen, vom Zugriff auf die Ölvorkommen bis hin zu strategischen Vorteilen. Offenbar meint ein Teil der US-Machtelite, der Preis lohne das Risiko. Außerdem sind der US-Präsident und die Republikanische Partei innenpolitisch angeschlagen und außenpolitische Aventüren sind bekanntlich ein probates Mittel, von solchen Problemen abzulenken.

Die Übernahme der Kolonialpfründe

Bis zum 2. Weltkrieg waren Nah- und Mittelost koloniale Einflußzonen vorrangig Großbritanniens, das dann allerdings dort seine Machtrolle nicht länger ausfüllen konnte. Das zeigte sich besonders in wirtschaftlicher Hinsicht: Großbritannien wollte mit US-amerikanischer Rückendeckung das sogenannte Red Line Agreement aus dem Jahr 1928 aufrechterhalten. Dieses Abkommen beinhaltete die Kontrolle der nahöstlichen Erdölvorkommen – mit Ausnahme Saudi Arabiens – durch britische Unternehmen. Die Regierungen Iraks und

Irans boten US-Firmen Beteiligungen an, um so die britische Vormacht, die aus ihrer Sicht unvorteilhaft war, zu konterkarieren. Selbstverständlich wurde diese Chance genutzt, zumal die US-Regierung befürchtete, daß angesichts der finanziellen Schwäche des britischen Empires ein Machtvakuum vom Nahen Osten bis nach Südasien entstehen würde. Wirtschaftliche Interessen der USA verbanden sich mit strategischen.

Der von Washington geförderte Sturz der Monarchie in Ägypten 1952 sowie die Sicherung der Herrschaft des Schahs im Iran durch die von der CIA maßgeblich geleitete Konterrevolution ein Jahr später bildeten Stationen auf dem Weg, Großbritannien aus dem Nahen Osten zu verdrängen. Das Debakel der britisch-französisch-israelischen Militäraktion gegen Ägypten 1956 (Suezkrieg) besiegelte das Schicksal der britischen Machtposition in der Region. Die Vereinigten Staaten übernahmen in arabischen Territorien die Kontrolle der Erdölproduktion und gleichzeitig aber auch große soziale und politische Lasten: Zum Schutz der Ölökonomie und der strategischen Interessen förderte Washington traditionale Herrschaftsformen, die aus Gründen des Machterhalts jeglichem sozialen Wandel feindlich gegenüberstanden und ihn brutal unterdrückten. Linke Opposition und Gewerkschaften waren die Opfer dieser Politik, und in der Repression solcher Gruppen waren sich fast alle Regimes einig, ob arabisch-nationalistisch, feudal-reaktionär oder islamisch.

Die Vereinigten Staaten steuerten ihre Nahostpolitik anfänglich über Ägypten. Oberst Nasser als neuer Machthaber paßte zunächst in das US-amerikanische Modell; er war stramm antikommunistisch eingestellt, und die finanzielle Unterstützung durch Saudi Arabien tat ein übriges. Das änderte sich jedoch rasch, als Nasser einen außenpolitisch neutralen Kurs einschlug, was auch die Absicht enthielt, von beiden Lagern, dem westlichen und dem sowjetischen, soviel Subventionen wie möglich abzuschöpfen, also eine geopolitische Rente einzufordern. Mit der Anerkennung der Volksrepublik China 1956 überspannte Nasser dann den Bogen. Die Weigerung Washingtons, den für die wirtschaftliche Entwicklung Ägyptens als notwendig angesehenen Assuan-Damm zu finanzieren, nutzte die Sowjetunion, um in einem der arabischen Kernländer als Kreditgeber und politischer Verbündeter Fuß zu fassen. Mit dem Niedergang der britischen Präsenz seit dem Suezkrieg standen die USA allein im Nahen Osten. Hier hatten sie, so möchte man meinen, die ersehnte Rolle – die große Abwehrmacht gegen eine Bedrohung durch angebliches sowjetisches Weltmachtstreben und arabischen Nationalismus, nach Washingtoner Lesart eine regionale kommunistische Variante. Die Regierung Eisenhower fand im Januar 1957 die entsprechende Formel: Die Vereinigten Staaten, so die neue Doktrin, seien bereit, »jedes Land zu unterstützen gegen offene militärische Aggression, die von einem Land unter dem Einfluß des internationalen Kommunismus ausgeht«. Der Libanon, Syrien und Jordanien wurden als bedrohte Länder definiert. Bis 1965 unternahmen die Vereinigten Staaten in diesem Terrain militärische Interventionen unterschiedlicher Intensität; dabei ging es vor allem darum, ›Flagge zu zeigen‹ und machtpolitische Ansprüche zu dokumentieren. Aber hier offenbarte sich ein strukturelles Defizit der US-amerikanischen Politik: komplexe politische Konstellationen, soziale Prozesse und gesellschaftliche Dynamik werden nicht berücksichtigt; statt dessen geht es um die Sicherung einer für die USA günstigen strategischen Position, und das um jeden Preis.

Bis dahin hatten die Vereinigten Staaten eine eher zurückhaltende Stellung gegenüber Israel eingenommen; die Mobilisierung von umfangreicher Finanz- und Entwicklungshilfe kam im wesentlichen über den ›Zionistischen Block‹ im Kongreß zustande, wie er von Kritikern in den USA genannt wurde. Washington hatte sich ansonsten dem arabisch-israelischen Konflikt ferngehalten. Das änderte sich schlagartig seit dem »Sechstagekrieg« von 1967. Einen vollständigen und noch größeren Landgewinn verheißenden Sieg der Allianz USA/Israel beantwortete die Sowjetunion mit stärkerer Hinwendung zu Ägypten und Syrien.

In Israel und im Iran – gewissermaßen im Ersatz für Großbritannien, das 1971 seine letzten Stützpunkte am Persischen Golf geräumt hatte – fand Washington regionale Verbündete, von denen es glaubte, daß sie US-amerikanische Interessen in der Region wahrnehmen könnten. Saudi Arabien kam später hinzu. Seitdem werden die Vereinigten Staaten in der arabischen Welt mehrheitlich als Förderer einer aggressiven Politik Israels angesehen, zusätzlich zu dem Stigma, gesellschaftlichen und sozialen Wandel in der Region zu verhindern.

Für die USA galt es zunächst, die Platzhalter zu stabilisieren und zu verteidigen. So während des Oktoberkrieges von 1973. Vorübergehend schien die US-Politik erfolgversprechend und sogar entspannend; der Lagerwechsel Ägyptens unter Präsident Sadat stellte eine einseitige Lösung des arabisch-israelischen Konfliktes in Aussicht. Mit dem Schah-Regime stand ein militärisch starker Partner an der Seite Washingtons, der als ›Ordnungsmacht‹ am Persischen Golf agierte und ein Gegengewicht zum Irak bildete. Der Ölreichtum unter staatlicher Kontrolle und eine nationalistische Politik machten Bagdad damals zum einzigen ernsthaften Gegenspieler der USA im Nahen Osten.

Die Grenzen der US-Machtpolitik über den Einsatz staatlicher Stellvertreter wurden Ende der 1970er Jahre deutlich. Am Beispiel des Iran wurde erkennbar, daß der Einfluß der Vereinigten Staaten nur so groß war wie die innere Stabilität ihres jeweiligen Platzhalters. Der Schah hatte offensichtlich begriffen, wo die US-amerikanischen Interessen lagen und wie er diese für seine eigenen Ziele nutzen konnte. Seine autoritäre, auf das Militär gestützte Machtausübung wäre ohne Billigung des großen Verbündeten nicht möglich gewesen. Die blutige Niederschlagung eines Aufstandes von Kleinbauern und Landarbeitern gegen die Landreform 1963 fand die Billigung Washingtons, das gemeinsam mit Israel später den iranischen Geheimdienst SAVAK aufbaute, ein äußerst brutales und in der Bevölkerung gefürchtetes Repressionsinstrument. Es war töricht, daß die USA die Wahrnehmung ihrer regionalen Interessen bedingungslos einem Regime übertrugen, das wenig soziale Verankerung hatte und dem die national eingestellten Mittelschichten und die Geistlichkeit, Fürsprecherin der Masse verarmter Bauern und Deklassierter in den städtischen Ballungsräumen, ablehnend gegenüberstanden. Vorkehrungen der USA für innenpolitische Wechselfälle im Iran gab es nicht. Dieses Defizit machte die Katastrophe nach 1978 unausweichlich; bis heute hat keine US-Regierung diesen Fehler erkannt.

Der Sturz des Schahregimes 1978 führte geradewegs in die Islamische Republik, wodurch die US-amerikanische Machtposition im Nahen Osten ins Wanken geriet. Die Reaktion der Carter-Administration bestand in der Proklamation einer neuen Doktrin; sie besagte, daß die Vereinigten Staaten es nicht dulden würden, wenn eine ›fremde Macht‹ versuchen sollte, die Kontrolle über den Persischen Golf an sich zu reißen. Der Golf wurde als Region definiert, in der die USA »vitale Interessen« zu vertreten hätten.

Der ›lange Krieg‹ gegen die Islamische Republik Iran

Die Revolution im Iran wurde von den Vereinigten Staaten nicht untätig hingenommen. Allerdings waren die Möglichkeiten, in die innenpolitischen Vorgänge einzugreifen, sehr begrenzt, spätestens seit der Geiselnahme der US-amerikanischen Botschaftsangehörigen 1979. Im Nachhinein erwies sich dieser Coup als ein äußerst geschickter Schachzug der radikal-islamischen Kräfte. Pro-westliche Kreise in der Übergangsregierung wurden so neutralisiert. Wohl deshalb begann Washington, die strategische Karte zu ziehen, also den Versuch zu starten, das Regime in Teheran zu isolieren, zu schwächen und einzukreisen. Der von den USA offensichtlich gebilligte Einmarsch der israelischen Armee in den Libanon Anfang der achtziger Jahre diente dem Zweck, dem verbliebenen Verbündeten in der Region ein breiteres Glacis zu verschaffen durch die erhoffte Eliminierung der dort stationierten palästinensischen Widerstandsgruppen. Gleichzeitig bot sich der Irak als robuster Verbündeter an, als Instrument für die Einkreisung der Islamischen Republik Iran.

Einkreisungspolitik – Irak. Eine Überprüfung des bisherigen Politikmusters nach dem Desaster im Iran fand auf seiten der USA nicht statt; im Gegenteil wurde an dem alten Modell festgehalten. Die Regierung Reagan fand dann in Saddam Hussein einen würdigen Nachfolger für den Schah. Hussein, lange Zeit Drahtzieher im Hintergrund, riß 1979 die Macht in Bagdad an sich.

Die islamische Revolution in Teheran erschien den neuen Machthabern in Bagdad als äußerst bedrohlich, weil die eigene schiitische Bevölkerungsmehrheit sich ihr möglicherweise anschließen würde. Die US-Diplomatie begann schon in den letzten Amtsmonaten von Präsident Carter, den Irak zu militärischen Handlungen gegen den östlichen Nachbarn zu ermuntern. Carters Amtsnachfolger Reagan setzte dies fort; die US-Geheimdienste versorgten Saddam Hussein mit gefälschten Informationen über die angebliche Schwäche der iranischen Armee. Für Hussein war die Lage verheißungsvoll. Er hoffte, mit Rückendeckung der USA einen durch die Revolutionswirren geschwächten Gegner besiegen, hierdurch zur regionalen Vormacht aufsteigen und innenpolitische Probleme lösen zu können.

Für Washington schien sich damit das Machtvakuum nach dem Untergang des Schah-Regimes wieder aufzufüllen. Zu fragen ist dann, warum die Reagan-Regierung zögerlich und eher verdeckt agierte. Erwähnenswert ist hier zunächst die globale Konfrontationspolitik gegenüber der sowjetischen Supermacht. Der Irak zählte in der Vorstellungswelt der Planer in Washington zu den Klientenstaaten der UdSSR; deshalb war vorsichtiges Handling geboten. Zum zweiten war Saudi Arabien zum neuen Ersatzpartner auserkoren worden, und eine allzu offene Unterstützung Bagdads hätte da störend gewirkt. Und schließlich war die irakische Regierung kein williger Befehlsempfänger, sondern hatte ihre eigene politische Agenda. Mit Blick auf die Situation im Nahen Osten nach dem Zusammenbruch der kurzlebigen ägyptisch-israelischen Annäherung Ende der Siebziger war Bagdad dabei, sich als Fürsprecher der arabischen Belange und Speerspitze der anti-israelischen Front zu etablieren. Es ist zu vermuten, daß das Hussein-Regime US-Avancen zurückwies.

Im Verlauf des langwierigen irakisch-iranischen Krieges unterstützten die Vereinigten Staaten beide kriegführenden Parteien. Es hätte in ihrer Macht gelegen, den blutigen Krieg rasch zu beenden. Denn die iranische Armee verwandte noch das vom Schah angeschaffte US-amerikanische Material; ein Nachschubstop hätte die Kampffähigkeit Irans erheblich beeinträchtigt. Andererseits versorgten die USA den Irak beispielsweise mit Satellitenaufnahmen und anderen

Hi-Tech-Informationen, die es Bagdad erst ermöglichten, Raketenangriffe gegen den Iran durchzuführen. Die später von Experten der Vereinten Nationen im Irak inspizierten Waffenfabriken und sonstigen Anlagen, die Material für Kriegszwecke produzieren konnten, wurden in den achtziger Jahren unter ausdrücklicher Billigung der Regierung der USA mit westlicher Technologie gebaut. Übrigens nutzte Washington die iranische Abhängigkeit von US-amerikanischem Waffennachschub aus, um – wie bereits erwähnt – hierüber eine verdeckte Finanzierung der Contras in Zentralamerika zu arrangieren. Diese Handlungsweise war illegal, da gegen die Gesetze und Auflagen des Kongresses verstoßend. In der Rückschau läßt sich sagen: Die US-Politik zielte offenbar darauf ab, beide Staaten in einen Abnutzungskrieg zu bringen und sie dadurch entscheidend zu schwächen, ganz im Interesse des neuen Klienten Saudi Arabien. Das politische System des Irak galt in anderen arabischen Territorien als fortschrittlich und als ein entschlossener Verfechter der arabischen Sache. Die islamische Revolution andererseits besaß Strahlkraft über die Landesgrenzen hinaus: Ein ›Gottesstaat‹ war Wirklichkeit geworden. Da drohten Eigenständigkeiten. Der Krieg schwächte beide Protagonisten; die Bedrohungsszenarien für die US-Weltpolitik schienen sich zu verflüchtigen. Andererseits hatte Israel Gewinn aus dem irakisch-iranischen Krieg gezogen. Es gab vorübergehend keine regionale Macht, die israelischen Annexionsplänen auf der West Bank, in Gaza und im Südlibanon hätte gefährlich werden können. Die Vertreibung des palästinensischen Widerstandes aus dem nördlichen Anrainerstaat war ein weiterer Erfolg.

Die Politik der Vereinigten Staaten und ihrer wichtigsten Verbündeten, Saudi Arabien und Kuwait, bestand zunächst darin, den Irak als Instrument der Eindämmung gegen den Iran zu benutzen. Aus diesem Grund wurde Bagdad mit umfangreichen Krediten unterstützt. Nach Ende des iranisch-irakischen Krieges war es dann vor allem Kuwait, das die vermeintliche Schwäche des Hussein-Regimes ausnutzen wollte, um offene Grenzfragen zu seinen Gunsten zu lösen. Es ging um die Aufteilung eines riesigen Ölfeldes, das sich über irakisches und kuwaitisches Staatsgebiet erstreckte, ferner um die Insel

Bubiyan, dem irakischen Ölterminal Umm Qasr vorgelagert, auf die der Irak Gebietsanspruch erhob. Kuwait betrachtete seine finanzielle Unterstützung für den kriegsführenden Irak, nach Expertenschätzung mehr als 40 Milliarden Dollar, als Kredit und drängte auf Rückzahlung. Für Wiederaufbau und Schuldendienst benötigte Bagdad dringend Devisen, die einen florierenden Erdölexport zur Voraussetzung hatten. Auch Kuwait wie andere Ölproduzenten in der Region war an der Steigerung des Ölumsatzes interessiert. Dies hatte massive Preissenkungen zur Folge, was den irakischen Interessen widersprach. Denn nur ein hoher Ölpreis bot Bagdad die Möglichkeit, seine Schulden rasch abzubauen und die Kriegsschäden zu beseitigen. Kuwait setzte sich über diese Bedenken hinweg und steigerte seine Förderung über die von der OPEC zugewiesene Quote hinaus. Vor diesem Hintergrund erschien die militärische Besetzung Kuwaits im August 1990 aus irakischer Sicht als rational. Aber wo, und das ist hier die entscheidende Frage, blieb bei alledem und in dieser Konfliktlage eigentlich die US-amerikanische Politik?

Feststellen läßt sich nur: Washington warnte Kuwait nicht, und der Irak wurde gegenüber Kuwait aggressiv. Diese Untätigkeit der USA war unter machtpolitischen Gesichtspunkten unsinnig, denn sie mußte indirekt den Status des Iran als Regionalmacht am Persischen Golf fördern, und dies zu verhindern, war der entscheidende Grund dafür gewesen, den Irak zum Krieg gegen den Iran zu ermuntern. So gesehen, war die US-Politik wieder einmal gescheitert. Das einzige Mittel zur ›Bereinigung‹ der Lage, das der US-Regierung in den Sinn kam, war ein Militärschlag.

Die Operation Wüstensturm begann am 17. Januar 1991. Saddam Hussein erwies sich als ein äußerst beschränkter und unfähiger Stratege, der nach den Regeln der konventionellen Kriegsführung operierte und so ein ideales Ziel für die überlegene US-amerikanische Luftwaffe bot. In 47 Tagen wurden die irakische Armee und ihre modernen Ausrüstungen aus den Achtzigern, von den Kuwaitis und Saudis finanziert, zerschlagen. Der militärische Erfolg war im wörtlichen Sinne durchschlagend.

Doch weshalb führte Washington den Krieg 1991 nicht fort bis zur völligen Auflösung des Saddam-Regimes? Darüber lassen sich nur Vermutungen anstellen; plausibel ist, daß die Unentschiedenheit der Lage günstige Voraussetzungen schuf für eine Umgruppierung der Kräfte im Nahen Osten und für die andauernde Präsenz US-amerikanischen Militärs in dieser Region.

Offenbar war es damals die Absicht der Vereinigten Staaten, den Irak allmählich, jedoch stetig zu strangulieren, um so das Regime zu stürzen, eine gefügige Regierung zu etablieren und den Zugriff auf die irakischen Ölvorkommen zu erlangen. Die US-Präsidentenwahlen vom November 2000 machten dieses Szenario aber obsolet.

Ein Krieg gegen Saddam Hussein stand dann ganz oben auf der Liste der Vorschläge, die die Bush-Regierung nach dem 11. September 2001 für eine geeignete Antwort auf die Terroranschläge erstellte. Die Wahl des Erstfeindes fiel zunächst aber auf Bin Laden, weil er besser in das Schurkenprofil paßte, so Bob Woodward in seinem Buch »Bush At War«. Die Veröffentlichung stützt sich auf Interviews mit den Spitzen der Regierung. Demnach ging es Bush vor allem darum, Tatkraft und Handlungsfähigkeit zu beweisen; anderes, wie etwa Ursachenforschung, war da nebensächlich. Der Schock, den die Anschläge in der Bevölkerung auslösten, wurde zugleich für weitere Ziele instrumentalisiert: Es gehe im wesentlichen um die globale Sicherung der ›amerikanischen Lebensweise‹, betonte der Präsident mehrfach, beispielsweise in seiner Rede zur Lage der Nation im Januar 2002. Diese nur auf den ersten Blick vage Äußerung hat einen harten Handlungskern, der spätestens bei der Kriegsvorbereitung gegen den Irak sichtbar wurde. Zur ›amerikanischen Lebensweise‹ gehört eben nach Auffassung der politischen Klasse in den USA eine auf lange Sicht gesicherte Versorgung mit der Ressource Erdöl, was den ungehinderten Zugriff auf die globalen Ölvorkommen einschließt. Es muß im Interesse der Vereinigten Staaten sein, so das griffige Argument, die eigene Versorgung langfristig zu sichern. Zweifelsohne kommt eine derartige Position bei der Bevölkerung an.

Der propagandistisch geschickt inszenierte militärische Aufmarsch gegen den Irak folgte dem Drehbuch eines klassischen Westernfilms, wo der Schurke lange Zeit sein Unwesen treibt, auf gutgemeinte Ratschläge nicht hört, so daß schließlich alles auf einen Show-down hinausläuft. »Könnte es sein, daß die lange gehegte Einstellung Hollywoods, aus der Darstellung von Gewalt und Zerstörung Unterhaltungswert zu schöpfen, die unmittelbare Reaktion der US-amerikanischen Bevölkerung auf die Ereignisse vom 11. September bestimmt hat?«, fragte David Sterritt (*Christian Science Monitor*, 26. September 2001). Er beantwortete die Frage mit einem eindeutigen Ja und meinte, die öffentliche Einstellung zu Rache und Krieg entspringe mehr aus Jahrzehnten populärer Unterhaltung als aus dem Nachdenken und der Auseinandersetzung mit Geschichte und Moral. Die Lektüre des Buches von Bob Woodward bestätigt diesen Eindruck auch für das Führungspersonal, das seine Handlungen vorrangig und fortlaufend auf die öffentliche Wirkung hin überprüfte. Der Medienkritiker Michael Wolff (›The Unspun‹, *New York Magazine*, 13. Januar 2003) bezeichnet die Tätigkeit der Mannschaft um Bush als ›managing media‹: »Sie weiß, daß sie nur erfolgreich dasteht, wenn sie die Medien positiv gestaltet«. Verteidigungsminister Rumsfeld nahm auch in dieser Hinsicht kein Blatt vor den Mund; gegenüber der *New York Times* (14. Oktober 2002) äußerte er sich wie folgt: »Falls die öffentliche Unterstützung anfangs gering sein sollte, muß die US-Führung bereit sein, politisches Kapital zu investieren, um den benötigten Rückhalt zustande zu bringen«.

In militärischer Hinsicht konnte der zweite Irakkrieg nur kurzfristig als Erfolg verbucht werden. Positiver – aus US-amerikanischer Sicht – gestaltete sich die Entwicklung im Persischen Golf, einem weiteren Versatzstück bei der Einkreisung des Iran.

Einkreisungspolitik – Der Persische Golf. Die islamische Revolution im Iran wurde von den Regimes am Persischen Golf als Bedrohung empfunden. Wie bei Revolutionsbewegungen üblich, war die Geistlichkeit im Iran anfänglich von dem Gedanken beseelt, beispielgebend für andere Gesellschaften zu sein und dort das neue Modell einzuführen. Zwar kam es in den Golfstaaten zu Sympathiebekundungen der »Straße«, die jedoch keineswegs die Herrschenden in die Knie zwangen. Dennoch war es ratsam, den Schutz einer Großmacht einzuwerben. Die Vereinigten Staaten kamen dem entgegen und konnten dies um so leichter tun, da die neuen Machthaber in Teheran nichts unversucht ließen, die Supermacht zu provozieren. Ob der schrille anti-amerikanische Kurs als Mittel eingesetzt wurde, die säkulare Opposition abzudrängen oder ob hier eine ideologische Borniertheit zum Tragen kam, kann nicht geklärt werden. Fakt ist, daß bei den Theokraten eine ›Außenpolitik mit Augenmaß‹ nicht vorgesehen war.

Washington war so in der Lage, innerhalb kurzer Zeit die durch den Sturz des Schah-Regimes entstandene strategische Lücke zu schließen. Mehr noch, es gelang den Vereinigten Staaten, die wichtige Region besser zu ›managen‹ als zuvor: Der Schah hatte Tendenzen zum eigenständigen Agieren erkennen lassen, mitunter nicht in Übereinstimmung mit US-Interessen; seine Ölpolitik war ein solcher Fall. Saudi Arabien und die Emirate am Persischen Golf akzeptierten jetzt die US-Protektion vorbehaltlos.

Nach dem Ableben von Religionsführer Khomeini und dem zeitgleichen Friedensschluß mit dem Irak begann unter Präsident Rafsandschani eine neue iranische Regionalpolitik, die offensichtlich von drei Einsichten gestaltet wurde: erstens war der Iran zu schwach, um die politische Landkarte neu zu gestalten; zweitens mußte Teheran die neuen Machtverhältnisse am Golf hinnehmen ebenso wie die bestimmende Rolle der Vereinigten Staaten und drittens mußte versucht werden, die Beziehungen zu Saudi Arabien als dem wichtigsten Mitglied des Gulf Cooperation Council (GCC) zu verbessern. Der GCC war unter dem Eindruck der islamischen Revolution gegründet worden und verstand sich als Sicherheitsbündnis, das von den USA gestützt wurde.

Ein wichtiges Datum in den regionalen Beziehungen war sicherlich die Tagung der Organisation der Islamischen Konferenz 1997 in Teheran. Sämtliche Golfstaaten waren erstmalig mit hochrangigen Delegationen vertreten; die Saudis sogar durch den amtierenden Kronprinzen Abdullah. Die Erklärung des obersten Geistlichen, Ayatollah Khamenei: »Der Iran stellt keine Bedrohung für ein islamisches Land dar«, wurde von den Teilnehmern als Abkehr von politisch-ideologischer und militärischer Expansion gedeutet.

Die neue Staatsführung unter dem ›Reformer‹ Khatami setzte den Entspannungskurs ihres Vorgängers fort. Die politischen Annäherungen zwischen Teheran und Riad sind hierfür beispielgebend, wären allerdings ohne eine entsprechende Bereitschaft auf saudischer Seite nicht möglich gewesen. Ein Wirtschaftsabkommen im April 2000 gab der Annäherung zusätzlichen Halt.

Der programmatische Hinweis von Präsident Khatami: »Wir müssen vom Stadium der Entspannung zur Vertrauensbildung und folglich zur Einrichtung einer dauerhaften regionalen Kooperation kommen«, sollte die Vorbehalte gegen sein Land abbauen helfen. In all diesen Überlegungen, unterstellt einmal, daß sie seriös waren, wurde jedoch der ausschlaggebende Faktor vernachlässigt – die Vereinigten Staaten. Was dies bedeutet, wurde bald deutlich.

William Cohen, Verteidigungsminister in der Clinton-Regierung, verkündete im April 2000 gegenüber den GCC-Staaten das Konzept einer Cooperative Defense Initiative (CDI). Hierbei handelt es sich um ein regionales Abwehrsystem gegen Raketenangriffe, die regionale Ausführung des in den USA im Bau befindlichen Raketenabwehrsystems NMD (National Missile Defense). Die einzigen Staaten, die damals als potentielle Gegner mit Besitz von Raketenwaffen in Betracht kamen, waren der Irak und der Iran, jedenfalls nach Ansicht von US-Regierungskreisen.

Die GCC ließ sich von den Möglichkeiten eines allumfassenden Schutzes überzeugen; Saudi Arabien orderte dutzende von CDI-tauglichen Kampfjets; Bahrain und Kuwait zogen nach. Gleichzeitig wurden die Streitkräfte der Mitgliedsstaaten massiv modernisiert und hochgerüstet; nach offiziellen Angaben waren bis Ende der neunziger Jahre bereits über 42 Milliarden Dollar an entsprechenden Waffenlieferungen aus den USA getätigt worden. Es ging offenbar darum, daß die örtlichen Streitkräfte im Kriegsfall den USA zur Seite stehen und deren Schlagkraft erhöhen. Aus diesem Grund wurden die Luftwaffen der GGC-Staaten mit dem allerneuesten Fluggerät ausgestattet, was eine entsprechende Infrastruktur, technische Einrichtungen und Logistik zur Voraussetzung hat. Aus US-amerikanischer Sicht ein äußerst lukrativer Deal: die eigene Rüstungsindustrie verdient

Rußland: Keine Konfrontation mit der ›islamischen Welt‹

Rußland wird sich nicht länger damit abfinden, im Nahen Osten die Rolle eines unbeteiligten Beobachters zu spielen, so lautet der Tenor eines Beitrages des russischen Außenministers Sergei Lawrow in der *Moskoviye Novosti* vom 3. März 2006; er kommentierte hier den erfolgreichen Staatsbesuch von Präsident Putin in Algerien Anfang März 2006. Vielmehr sei die russische Regierung bereit, eine »kulturelle und zivilisatorische Brücke« zu bilden zwischen dem Westen und dem Nahen Osten. Lawrow machte unmißverständlich klar, daß sein Land einen Konfrontationskurs mit der islamischen Welt verhindern werde, was auch die Politik des Westens gegenüber dem Iran einschließt.

Diese Worten haben Gewicht, zieht man das algerisch-russische Abkommen in Betracht: Die Regierungen beider Länder unterzeichneten einen circa 8 Milliarden US-Dollar schweren Vertrag. Er beinhaltet die Modernisierung der algerischen Streitkräfte mit russischem Equipment. Finanziert wird er aus der Beteiligung russischer Firmen an der Öl- und Gasförderung Algeriens, was auch die Vermarktung einschließt. Der russischen Gazprom werden Exklusivrechte bei der Erschließung der Energievorkommen in der Sahara eingeräumt. Von herausragender Bedeutung ist dabei, daß beide Länder ihre Energiepolitik auf dem europäischen Markt künftig gemeinsam betreiben wollen. Algerien ist neben Rußland die zweitwichtigste Bezugsquelle; algerische Pipelines versorgen Italien, Spanien, Portugal und Slowenien. Verflüssigtes Gas wird zudem auf Spezialschiffen an Frankreich, Griechenland und die Türkei geliefert, in geringem Umfang auch an die Vereinigten Staaten. In Washington spricht man von einem russischen »Energieimperium«, das zukünftig ein großes »Erpressungspotential« gegenüber dem Westen aufbauen könnte.

Vor dem Hintergrund der bereits bestehenden Abhängigkeit Westeuropas von russischen Gaslieferungen hat die Regierung Rußlands ihre Verhandlungsposition jetzt weiter ausgebaut, was seinen Niederschlag finden dürfte bei der Haltung der EU nicht nur im Nahen Osten.

Quelle: M K Bhadrakumar, Reheating the Cold War, *AToL*, 24/03/06

prächtig an den Verkäufen, die eigenen Streitkräfte können ohne große Kosten hochmoderne Flugplätze und Werkstätten benutzen. Daß die regionalen Machthaber sich auf derartige Geschäfte überhaupt einlassen, verdeutlicht den Grad ihrer Abhängigkeit von den Vereinigten Staaten, macht aber auch auf die offenbar instabilen gesellschaftlichen Grundlagen aufmerksam, auf denen die Herrschaft der örtlichen Autokratien beruht.

Das CDI-Programm legte offen, daß sich die Vereinigten Staaten auf Dauer als Vormacht am Golf einrichteten. Sie verfolgen offenbar drei Ziele: gesicherter Zugriff auf Erdölvorkommen, Festigung der regionalen Hegemonie und Eindämmung des Iran.

Iranische Widerspenstigkeiten. Der Iran verhielt sich gegenüber der US-Politik keineswegs passiv. Die islamische Revolution stieß anfangs – bevor die terroristischen Exzesse der Geistlichkeit an die Öffentlichkeit drangen – auf große Sympathien in der moslemischen Welt und dort vor allem bei den sozialen Gruppen, die gegen autokratische Herrschaft in ihren jeweiligen Gesellschaften eingestellt waren. Die Revolution hatte verdeutlicht, daß eine breite Bewegung über soziale Schichtzugehörigkeit hinweg ein scheinbar machtvolles Regime, das außerdem noch den uneingeschränkten Rückhalt der Supermacht USA genoß, besiegen konnte.

Auch schien es so, als sei der Islam zum ausschlaggebenden Faktor geworden, der alle früheren ideologischen Angebote wie Nationalismus oder Sozialismus übertraf. Autoritäre Regierungen in der moslemischen Welt begannen, sich den neuen Gegebenheiten anzupassen. Die nationale Geistlichkeit wurde nun hofiert, gewissermaßen als eine Art Lebensversicherung. Die Kooperation hatte aber ihren Preis: Die Geistlichen, in den meisten arabisch-moslemischen Ländern in der Ära des Nationalismus an den Rand der Gesellschaft gedrängt, forderten von den Machthabern die Rückkehr ins Rampenlicht, sollten sie die Aufgabe lösen, soziales Aufbegehren in systemsichernde Bahnen zu lenken. Das gelang auch weitgehend, bedeutete aber, daß die Geistlichkeit zu einer maßgeblichen gesellschaftlichen Kraft aufstieg, deren Ziel die Errichtung eines islamischen Staates war.

Das islamische Revolutionsmodell Iran wurde in vielen arabischen Ländern in einem wesentlichen Teil kopiert – bei der Ausschaltung von systemkritischen Parteien und Gewerkschaften. Unterschiede zum Teheraner Vorbild gab es hinsichtlich der Teilhabe an der Regierung; während im Original die Geistlichkeit das Machtmonopol hält, sind bei den Imitaten (siehe Saudi Arabien) die religiösen Eliten bislang nur mittelbar an der Macht beteiligt.

Die Einbindung religiöser Eliten in nationale Herrschaftssysteme leitet einen evolutionären Prozeß ein, d.h. die staatliche Islamisierung wird gemeinsam mit den politischen und wirtschaftlichen Eliten vollzogen. Dieser Prozeß ist, was die Eliminierung von demokratischen Grundrechten, von Meinungsfreiheit und von gewerkschaftlichen Rechten angeht, bereits so gut wie abgeschlossen: Die Islamauslegung wird hier als ideologisches Instrument gegen die Risiken der Modernisierung aktiviert, nicht etwa in einem emanzipatorischen Sinne, sondern als wirkungsvolle Legitimation für die säkularen und klerikalen Eliten an der Macht.

Die iranische Revolution strahlte daneben auf die Machtverteilung im Vorderen Orient ab. Besonders Saudi Arabien, seit der Gründung der Organisation der Islamischen Konferenz 1969 und dem Triumph des ›Petro-Islam‹ im Oktoberkrieg 1973 (Ölembargo gegen pro-israelische Staaten wie die USA und die Niederlande), verstand sich als Zentrum der islamischen Welt. Dieser Rang wurde von den schiitischen Ayatollahs nach 1979 in Frage gestellt. Was oberflächlich als ideologischer Streit anmutete, etwa vergleichbar demjenigen einst zwischen der Sowjetunion und der Volksrepublik China um die korrekte Auslegung des Marxismus-Leninismus, hatte für Saudi Arabien einen handfesten politischen Kern. Die kleptokratische Monarchie legitimierte sich vor allem über die religiöse Führungsrolle. Die Antwort auf die iranische Herausforderung bestand in drei Schritten:

Erstens thematisierte Riad, hierbei unterstützt von der eigenen Geistlichkeit, die Minderheitenrolle der iranischen Schia im gesamtislamischen Diskurs, die deshalb kein Vorbild sein könne.

Zweitens wurde der ›persische Nationalismus‹ beklagt, mit seinem unarabischen Wesenskern. Beides führte zu einer Deutung, derzufolge es Teheran um nichts weiter gehe als um die Vorherrschaft im Vorderen Orient, wobei das religiöse Element lediglich einen Vorwand bilde. Dem ließ Saudi Arabien Taten folgen. Der Angriffskrieg des Irak gegen den Iran im September 1980 wurde mit Hinweis auf den aggressiven Charakter des persischen Nationalismus tatkräftig unterstützt. Sämtliche arabischen Regimes, mit Ausnahme Syriens, schlossen sich dem saudischen Kurs an. Die Islamische Republik Iran ist seitdem im arabischen Teil der islamischen Welt weitgehend isoliert.

Drittens setzte sich die saudische Monarchie nun selbst an die Spitze der neuen Strömungen im Islam; sie förderte Religionsexport und militante Islamisten, Gotteskrieger genannt. Der Kampf in Afghanistan rückte ins Zentrum des weltweiten islamischen Lebens; er diente gewissermaßen als erfolgverheißender Ersatz für das – aus arabischer Sicht – Debakel im Kampf gegen Israel. Die Revolution im Iran erschien nun als Nebensache, ebenso der Kampf der Palästinenser. Die arabischen Regimes und die im Hintergrund wirkende Geistlichkeit hatten damit ein neues spektakuläres Handlungsfeld, das sich auch massenwirksam vermarkten ließ.

In dieses Szenario einer ›Einhegung‹ der Folgen der islamischen Revolution im Iran fügten sich die Vorgänge im Libanon scheinbar nicht ein. Dort unterstützte Teheran die schiitische Glaubensgruppe, gründete die Organisation Hisbollah (Partei Gottes) und veranlaßte sie zu militanten Unternehmungen. Diese auch gegen US-amerikanische Militäreinrichtungen und Bürger gerichteten Aktionen hatten um den Preis menschlichen Lebens zunächst ein eindeutiges Ziel: Militärhilfe von den USA zu erpressen und diese dahin zu bringen, ihre Militärhilfe für den Irak einzustellen. Die vom Schah-Regime übernommenen Streitkräfte waren weitgehend mit US-Equipment ausgestattet. Dieses mußte während des Irakkrieges ersetzt werden, was über offizielle Kanäle nicht möglich war. Die von Teheran im Libanon in Auftrag gegebenen Aktionen verfehlten nicht ihre Wirkung, was die Bereitstellung von Kriegsmaterial anging. Augenfällig ist, daß die gegen die USA gerichteten Terrorakte nach Ende des irakisch-iranischen Krieges stark abnahmen.

Die damaligen Vorgänge im Libanon gaben noch kaum Hinweise auf Revolutionsexport. Daß bedrängte Glaubensbrüder Unterstützung erhalten, ist übrigens nicht islamtypisch, sondern Bestandteil auch christlicher Religionspraxis.

Im Juli 1982 startete die Armee Israels ihre Operation Galilea, bei der sämtliche palästinensischen Gruppierungen aus dem Südlibanon vertrieben wurden; Absicht war es auch, die Raketenstellungen der PLO auszuschalten, von denen Angriffe auf israelische Städte und Siedlungen in Nordgalilea ausgingen. Im weiteren Verlauf der Kampfhandlungen rückte die israelische Armee bis in die Hauptstadt Beirut vor. Ein pro-westliches Regime gelangte dort an die Macht, das hinter dem israelischen Militärschutz agierte. Widerständigkeit auf konventionelle Weise war angesichts der Überlegenheit Israels unrealistisch. Syrien, das den Einfluß auf sein Protektorat Libanon schwinden sah, wandte sich an Teheran, das mehrere hundert seiner Revolutionsgardisten, Pasdaran, entsandte, dafür als Gegenleistung mehr Mitsprache der schiitischen Minderheit im Libanon forderte. Die Hisbollah kontrollierte bald das Bekaa-Tal, das Land Kanaan der Bibel. Übrigens sicherten die Milizen anderer Glaubensgruppen wie Maroniten und Drusen ihre jeweiligen Kerngebiete auf die gleiche Weise ab.

Ins Blickfeld der Weltöffentlichkeit geriet die Hisbollah im Jahr 1983. Eine internationale Friedenstruppe unter US-amerikanischer

Leitung war im Libanon stationiert, um weitere Massaker wie die von Sabra und Schatila zu verhindern: Christliche Milizen hatten hier unter den Augen der israelischen Armee ein Blutbad unter den Bewohnern der palästinensischen Flüchtlingslager angerichtet. Hisbollah-Mitglieder zerstörten im Oktober 1983 in Selbstmordaktionen die Hauptquartiere der US-amerikanischen und französischen Kontingente in Beirut und eine Woche später das der israelischen Armee in Tyrus, es gab mehrere hundert Tote. Dies veranlaßte die Regierungen in Paris und Washington, ihre Truppen abzuziehen. Israel hingegen richtete im Südlibanon eine Schutzzone im Vorfeld der libanesisch-israelischen Grenze ein. Militäraktionen gegen die Hisbollah-Milizen dauerten bis zum Jahr 2000. Der Abzug der israelischen Armee machte deutlich, daß das Ziel, die Hisbollah zu eliminieren, nicht erreicht werden konnte, vor allem wegen des breiten lokalen Widerstandes.

Der Erfolg einer Organisation wie der Hisbollah hängt entscheidend von den besonderen Umständen im Libanon ab. Die einstige Freischärlerorganisation wandelte sich zur politischen Partei mit Abgeordneten im nationalen Parlament. Sie ist gegenwärtig sogar mit zwei Ministern in der libanesischen Regierung vertreten. Die Partei nimmt die Interessen der schiitischen Bevölkerung wahr, sie bietet neben sozialen Leistungen auch Sicherheit und Schutz durch ihre Miliz. Die Schiiten im Libanon zählen überwiegend zur sozialen Unterschicht, die von der christlichen und sunnitischen Oberschicht an der Regierungsmacht vernachlässigt wird.

Die Hisbollah blieb in den Augen Washingtons und Tel Avivs eine vom Iran unterstützte Terrororganisation, ein wesentliches Argument beim ›Schurkenstaat‹-Konstrukt. Das jedenfalls legt die Rede des US-Präsidenten zur Lage der Nation vom Januar 2002 nahe; darin bezeichnete Bush den Iran als Mitglied der ›Achse des Bösen‹.

Die Beziehungen USA-Iran bieten eindrucksvolles Anschauungsmaterial für Einsichten in die US-amerikanische Politikgestaltung. Offenbar haben die Vereinigten Staaten den Mullahs an der Macht immer noch nicht die Geiselnahme Anfang der achtziger Jahre verziehen; der Wunsch nach Rache für diese Demütigung bestimmt ihr

Handeln. Diplomatie und Politik als Mittel zur Interessenwahrnehmung stehen demgegenüber zurück. Die Dämonisierung des Iran zu einem »Schurkenstaat«, der vorgeblich die gesamte Welt bedroht, hält keiner Überprüfung stand.

Verschwiegen wird, daß die iranische Regierung um eine Annäherung an Washington sowohl im Afghanistan- als auch im Irakkrieg bemüht war.

Die verantwortlichen Politiker und religiösen Machthaber im Iran teilen die Ansicht, über alle sonstigen politischen Unterschiede hinweg, daß die Besetzung des Irak durch die Vereinigten Staaten die Umzingelung Irans vollendete, die mit der Stationierung von US-Truppen im Kaukasus, in Zentralasien, Afghanistan, Pakistan und am Persischen Golf begonnen hatte. Sie sind ferner der Ansicht, daß ein Motiv für den Krieg gegen den Irak in dieser Umzingelung des Iran bestand. Seitdem Präsident Bush wiederholt Iran als Mitgliedsstaat der ›Achse des Bösen‹ herausgestellt hat, betrachtet die Teheraner Führung dies als ernste Drohung.

Unmittelbar nach der Besetzung des Irak begann Washington mit einer psychologischen Kriegsführung gegen den Iran.

Am Anfang der Psywar-Kampagne, so die offizielle Bezeichnung, standen zwei bemerkenswerte Vorkommnisse.

➲ Das erste bildete die Entscheidung des US-Zentralkommandos, die im Irak ansässigen sogenannten Volksmudschahedin Gruppe (MEK) nicht zu verhaften. Bei dieser handelt es sich um eine Widerstandsgruppe, die vom Irak aus Terrorakte im Iran verübt. Im Jahresbericht 2001 des US-Außenministeriums »Patterns of Global Terrorism« hieß es über sie: » Seit der Umsiedlung in den Irak 1987 hat die Gruppe interne Sicherheitsoperationen zur Unterstützung der irakischen Regierung durchgeführt«. Nach Auffassung der US-Regierung verstieß die Regierung in Bagdad damit gegen das Völkerrecht; sie machte sich strafbar, weil sie die MEK aufforderte, im Iran tätig zu werden, um dort nationale irakische Ziele wahrzunehmen. Wenn die US-Regierung nun diese Terrororganisation für eigene Ziele benutzt, liegt der gleiche Tatbestand vor. Offenbar wollte sich die Regierung Bush eine Reserve halten, aktivierbar für einen Regimewechsel im Iran, wenn der Zeitpunkt gekommen ist.

- Das zweite Vorkommnis betrifft die Verurteilung des Iran im Jahresbericht des US-Außenministeriums, veröffentlicht im April 2003. Dort steht: »Der Iran blieb der aktivste staatliche Förderer von Terrorismus im Jahr 2002. Die Islamische Revolutionsgarde und das Ministerium für Information und Sicherheit waren an Planung und Unterstützung terroristischer Akte beteiligt und förderten weiterhin eine Vielzahl von Gruppen, die sich dem Terrorismus verschrieben haben... Der Iran gab Hilfe an extremistische Gruppen in Zentralasien, Afghanistan und im Irak mit Verbindungen zu Al-Kaida, in geringerem Maß für Gruppen, die gegen Israel kämpfen«.

Diese Vorwürfe können nicht ohne weiteres entkräftet werden; das iranische Regime betrieb in der Tat in den achtziger Jahren eine Politik des Revolutionsexportes und der Förderung terroristischer Aktivitäten. Fraglich ist aber, ob dies auch heute noch Gültigkeit hat. Die angebliche Al-Kaida-Connection ist im Licht neuer Entwicklungen eher unwahrscheinlich: Teheran gab im Mai 2003 die Verhaftung von Führungsmitglieder der Terrororganisation bekannt. Die iranische Regierung zeigte sich bereit, die Topterroristen an die Vereinigten Staaten auszuliefern, verlangte aber dafür, daß Washington die Unterstützung der MEK einstellt.

Aus einem weiteren Grund erscheint der Al-Kaida-Vorwurf gegen den Iran hinfällig. Während der Taliban-Phase in Afghanistan waren Mitglieder von Al-Kaida maßgeblich an der Verfolgung der schiitischen Minderheit beteiligt; der Iran unterstützte den Widerstand der Nordallianz. Die religiös-weltanschaulichen Gegensätze zwischen den bin-Laden-Ideen und der iranischen ›islamischen Revolution‹ sind unübersehbar. Die dem Wahabismus verpflichtete Al-Kaida sieht in den iranischen Schiiten Ketzer, die es zu bekämpfen gilt. Solche Überlegungen sind dem Chef des US-Generalstabes Myers freilich fremd. In einem Interview des US-Fernsehsenders NBC am 26. Mai

2003 wurde er deutlich: »Der Sachverhalt mit dem Iran ist klar. Wir müssen die sicheren Aufenthaltsorte der Terroristen ausmerzen, und der Iran beherbergt selbstverständlich einige Mitglieder von Al-Kaida. Ermittlungen zeigen, daß Al-Kaida seit einiger Zeit in den Iran reingeht und wieder heraus, besonders nach unseren Aktionen in Afghanistan. Einige Elemente der vom Iran unterstützten Kräfte und Organisationen sind gegenwärtig im Irak, wo sie die dortigen Ereignisse zum Schaden der Koalition beeinflussen wollen«. Der General bezieht sich hier auf weitere Vorwürfe, die gegen den Iran erhoben wurden – die Kooperation Teherans mit den US-Statthalter in Afghanistan bekämpfenden Kriegsherren, den freien Aufenthalt von Al-Kaida-Mitgliedern auf iranischem Territorium und Einmischung im Irak.

Gulbuddin Hekmatyar, einst von den USA geförderter Zögling im Kampf gegen das sowjetische Eingreifen in Afghanistan, machte schon früh aus seinem radikalen Fundamentalismus keinen Hehl. Nachdem sein Widerstand gegen die Taliban 1996 gescheitert war, flüchtete er in den benachbarten Iran. Für Teheran bot sich die Möglichkeit, mit Hekmatyar den Widerstand gegen die Taliban zu forcieren.

Schon vor der US-Okkupation im Oktober 2001 hatte aber die iranische Regierung Hekmatyar jegliche gegen die Vereinigten Staaten gerichtete Aktivitäten untersagt; sie gab dem Druck der US-Regierung nach, Chef und Gefolge auszuweisen. Dieses Mal fanden sie Unterschlupf in Pakistan, das mit Blick auf die Wiederherstellung seines früheren Einflusses in Afghanistan die Reste der Taliban und andere Gegner der neuen afghanischen Machthaber um sich scharte. Auf das Konto Hekmatyars gehen zahlreiche Überfälle auf US-Truppen und zivile Einrichtungen. Offenbar will die Bush-Regierung mit diesem Vorwurf gegen den Iran von einem politischen Skandal ablenken, davon, daß sie selbst mit einer Regierung wie der Pakistans eng zusammenarbeitet, die Drahtzieher bei Anschlägen gegen US-amerikanische Soldaten ist.

Ferner wirft Washington der iranischen Regierung vor, Al-Kaida Zellen auf ihrem Staatsgebiet zu dulden. Dieser Vorwurf erhielt neuen Auftrieb nach den Bombenanschlägen in Riad im Mai 2003. Der

Selbstmordattentäter wurde mit dem Terrornetzwerk in Verbindung gebracht; er sei vom Iran gesteuert worden. Hier mischen sich Dichtung und Wahrheit. Es ist wahrscheinlich, daß versprengte Reste der Taliban und von Al-Kaida in der abgelegenen Provinz Belutschistan Zuflucht gefunden hatten. In diesem Grenzgebiet zu Pakistan leben sunnitische Moslems, die Glaubensbrüdern auf der Flucht sicherlich beistehen. Wichtiger noch sind hier lokale Autonomiebestrebungen, auf einen Zusammenschluß mit dem pakistanischen Teil Belutschistans zielend. In den achtziger Jahren hatten die CIA, der pakistanische Geheimdienst ISI und der irakische Muchabarat die belutschischen Separatisten gefördert, sie zum Widerstand gegen die Zentralregierung in Teheran angestachelt. Das war damals Teil einer Destabilisierungspolitik gegen das Revolutionsregime und für den Irak ein Versuch, den damaligen Kriegsgegner zu schwächen. Später bot sich eine Neuauflage des alten Spiels an. Der iranischen Regierung hier Unterlassungen vorzuwerfen, war sicherlich berechtigt. Nur machte sich Washington dabei unglaubwürdig, denn nachweislich hielten sich Taliban und Al-Kaida Mitglieder auch im pakistanischen Teil Belutschistans auf, und bislang hat die Regierung Bush nichts unternommen, die Militärjunta in Islamabad zur Rechenschaft zu ziehen. Hierauf angesprochen, erklärte Washington, daß die pakistanische Regierung trotz aller Anstrengungen nicht die Ressourcen für eine staatsweite Kontrolle aller Terroristenschlupflöcher habe. Für Teheran gilt eine solche Entschuldigung offensichtlich nicht.

Von Regierungsseite in Washington werden Anschuldigungen gegen die iranische Führung erhoben, sich in den ›Nachkrieg‹ im Irak einzumischen und alles daran zu setzen, anti-amerikanische Stimmungen dort zu schüren. Dahinter verbirgt sich die Furcht, die schiitische Geistlichkeit im Irak könne die Islamische Republik Iran zum Vorbild für ein gleiches Gesellschaftsmodell im eigenen Land nehmen. Auch hier mischen sich Fakten und Fantasien.

Die schiitische Geistlichkeit des Irak lehnt bislang das Prinzip des velayat-e faqih ab, also die uneingeschränkte Macht der islamischen Rechtsprechung, worauf der islamische Staat im Iran gründet. Die Repräsentanten des religiösen Zentrums in Najaf, vergleichbar dem iranischen Qum, plädieren für einen demokratischen Staat auf islamischer Grundlage. Die Rechtsgrundlagen sollen der Scharia entsprechen, aber im Gegensatz zum Iran von einer unabhängigen Judikative überwacht werden. Die irakische Bevölkerung gehört zwar mehrheitlich der schiitischen Glaubensrichtung an, doch kann diese keinen Alleinvertretungsanspruch für sich reklamieren. Weitere Gründe gegen eine Kopie des iranischen Modells sind die arabische Identität und die lange säkulare Staatstradition. Schließlich ist die Tatsache zu bedenken, daß die Völker der beiden Staaten, obwohl mehrheitlich der gleichen Religion zugehörig, einen achtjährigen Krieg gegeneinander führten. Nationalismus stellt offensichtlich in beiden politischen Kulturen immer noch ein prägendes Element dar.

Andererseits ist zu bedenken, daß es in Kreisen der iranischen Führung Befürchtungen geben könnte, eine erfolgreiche säkulare Entwicklung im Nachbarland könne die Opposition gegen das eigene klerikale Regime beflügeln. Möglicherweise fürchtet die iranische Geistlichkeit auch um ihr Monopol in Glaubensangelegenheiten, wenn die Konkurrenz in Najaf mit einer weniger rigiden Schia-Deutung sich durchsetzen sollte.

Jeder Staat nimmt für sich in Anspruch, auf die Entwicklungen in seinen Nachbarländern zu reagieren und die eigenen Interessen dort zu fördern. Dieses Prinzip haben Regierungen der Vereinigten Staaten z. B. mit Aktionen in Mittelamerika und in der Karibik exzessiv zur Geltung gebracht. Daß ein solches Recht aber dem Mitgliedsstaat der Vereinten Nationen Iran nicht zugestanden wird, ist für die USA kein Problem.

Über Beirut nach Teheran. Anfang Juli 2006 begann der Überfall der israelischen Armee auf den nördlichen Nachbarstaat Libanon. Begründung war, die Aktivitäten der Hisbollah gegen Israel zu stoppen und diese Organisation zu eliminieren. Das eigentliche Ziel des Angriffs auf Libanon ist es aber, eine demokratisch gewählte Regierung in Beirut zu stürzen und durch ein Marionetten-Regime zu ersetzen. Dies war schon Ariel Scharons Absicht bei der Invasion des Libanon 1982. Es war ihm nicht gelungen. Aber Scharon und seine militärischen und politischen Elitezöglinge haben dieses Ziel nie wirklich aufgegeben. Genau wie 1982 wurde auch die jetzige Operation in vollständiger Koordination mit den USA geplant und ausgeführt, wie Seymour Hersh (›Washington's interests in Israel's war‹, *The New Yorker*, 14. August 2006) enthüllte.

Es ist daher anzunehmen, daß Washington im Konflikt mit dem Iran mit gefälschten Karten spielt: Nach außen setzt die Regierung Bush auf Diplomatie, bereitet aber zugleich eine militärische Lösung vor:

- Der Hisbollah eine Niederlage zuzufügen, ist vor allem unter strategischem Gesichtspunkt Teil des US-amerikanisch-israelischen Projekts, den gesamten Nahen und Mittleren Osten zu unterwerfen. Bezeichnend hierfür ist die Äußerung der US-Außenministerin Rice, die im aktuellen Libanonkonflikt die Voraussetzung für einen ›neuen Nahen Osten‹ sieht. Die Bush-Regierung bereitet sich offen auf Krieg gegen den Iran vor und nutzt dazu die Internationale Atomagentur und die Behandlung des iranischen Atomprogramms im UN-Sicherheitsrat auf die gleiche Weise, wie ehedem die erfundenen »Massenvernichtungswaffen« gegen das Hussein-Regime im Irak.
- Washington sieht den Iran als das zentrale Hindernis für die Konsolidierung seiner Eroberung des Irak und die Stabilisierung seines Marionettenregimes in Bagdad an. Vor Militäraktionen gegen den Iran, egal ob es dabei um Luftschläge gegen vermutete iranische Atomanlagen oder um eine regelrechte Bodenoffensive geht, ist es entscheidend, pro-iranische Widerstandsnester in der Region zu eliminieren. Deswegen der Angriff auf die Hisbollah, die seit langem Verbindungen zum Iran hat, und deswegen potentielle Militärmaßnahmen gegen Syrien, das seit dem iranisch-irakischen Krieg der 1980er Jahre militärisch mit dem Iran verbündet ist.

Sollte diese Ziele der US-Politik erreicht werden, wäre der Iran weitgehend isoliert. Seine regionalen Verbündeten wären ausgeschaltet, von den schon jetzt zögerlichen arabisch-islamischen Staaten wäre keine Unterstützung zu erwarten. Vor diesem Hintergrund wäre dann ein US-amerikanischer Militärschlag gegen den Iran sehr verlockend.

Die USA legitimieren heute Krieg voll und ganz als Instrument der Außenpolitik. Dies umfaßt eine Fortsetzung ihrer militärischen Aggression im Irak und zukünftige Aggressionen gegen Syrien, den Iran und andere Länder. Diese Politik ergibt sich aus der Bush-Doktrin des »Präventivkriegs«, die vom gesamten politischen Establishment der USA und beiden Parteien des US-amerikanischen Imperialismus unterstützt wird – von den Demokraten ebenso wie von den Republikanern.

Nach Gutsherrenart: Greater Middle East Strategy

Im Jahr 1996 entwarfen Richard Perle und Douglas Feith, zwei Erzkonservative, die später einflußreiche Positionen in der Bush-Regierung übernahmen und als Architekten der heutigen US-Politik im Nahen Osten anzusehen sind, für den damals frisch gewählten israelischen Premierminister Netanyahu ein Strategiepapier »A Clean Break: A New Strategy for Securing the Realm«. Darin empfahlen sie den Abbruch des Friedensprozesses mit den Palästinensern, ferner eine härtere Gangart gegenüber Syrien und dem Irak und schließlich eine aggressive Politik gegenüber dem Iran.

In seinen außenpolitischen Erklärungen und späteren Taten hat sich Präsident Bush diese Gedanken zu eigen gemacht: Alle drei genannten Staaten wurden der Gruppe der ›Schurkenstaaten‹ zugeordnet; der Irak wurde besetzt.

Teile der öffentlichen Meinung weltweit haben der US-Regierung und den sie stützenden konservativen Kräften Arroganz, die Mißachtung des Völkerrechts, Kriege aus Machtgier, die Demontage der Vereinten Nationen und die Herabwürdigung der eigenen Alliierten vorgeworfen. Die französische und deutsche Regierung haben beim Irakkrieg den USA widersprochen. Andererseits zögerten sie nicht, sich an den israelisch-palästinensischen Friedenssondierungen zu beteiligen, obwohl die sogenannte road map auf Verhinderung eines lebensfähigen palästinensischen Staatesabstellte und fester Bestandteil der US-Strategie war, ebenso an der Ablehnung der Hamas, obwohl diese in demokratischen und freien Wahlen als stärkste politische Kraft legitimiert ist. Der Grund: Die Hamas fordert die Verwirklichung völkerrechtsverbindlicher Beschlüsse zu einem Staat Palästina. Damit blockiert sie den weiteren Umsetzungsprozeß der Greater Middle East Strategy. Diese sieht vor, Israel auf die Rolle des US-amerikanischen Statthalters in der Region festzulegen, was zunächst die Einschließung der Palästinenser in einen nicht wirklich existenzsichernden Raum (Gaza und Teile der Westbank) bedeutet. Eine solche Statthalterschaft – fast ist man versucht, hier Parallelen zu den Kreuzfahrerstaaten des Hochmittelalters zu ziehen – bedarf aber einer zusätzlichen Festigung. Die Beziehungen Israels zu den arabisch-islamischen Nachbarstaaten sind von Mißtrauen und gegenseitiger Ablehnung geprägt, woraus alle Akteure hier wie dort Nutzen ziehen. Die autokratischen Regimes polieren durch eine israelfeindliche Phraseologie ihr Ansehen bei den Massen auf und können so von üblen sozialen Verhältnissen ablenken. Solange die feindliche Grundeinstellung anhält, kann wiederum die zionistische Strömung in Israel ihren Einfluß behaupten und die Opposition mit Hinweis auf die bedrohliche Sicherheitslage in Schach halten. Vor diesem Hintergrund bietet sich verschärfte Konfrontation als Lösung für beide Seiten an. Der Irak ist aus dem Machtspiel verdrängt. Dort schwebt den neuen Herren vor, das Land nach ethnisch-religiösen Kriterien zu parzellieren, womit auf absehbare Zeit ein wiedererstarkter Irak als Machtfaktor verhindert wäre. Bleibt der Iran. Die aktuelle Situation deutet darauf hin, daß Teheran ernsthaft im US-amerikanischen Fadenkreuz liegt. Die sehr einflußreiche Lobbyorganisation ›The American Israel Public Affairs Committee‹ (AIPAC) fordert nicht nur die ›Eindämmung‹ des Iran, sondern verlangt darüber hinaus, daß Rußland mit scharfen Sanktionen belegt werden solle, falls es weiterhin mit Teheran im Nuklearbereich zusammenarbeite.

Parallel beabsichtigt die US-Regierung, die Bastion Israel noch stärker militärisch und finanziell auszubauen, aber gleichzeitig anderen Klienten wie Ägypten die Zuwendungen zu kürzen. Die Begründung hierfür ist simpel und wiederum öffentlichkeitswirksam: Der seit dem 11. September eingeleitete Krieg gegen den Terror sei zwischenzeitlich zum ›Krieg für die Freiheit‹ erweitert. Das bedeute, daß nur reformbereite Regimes mit US-amerikanischem Wohlwollen rechnen können und daß gleichzeitig gegen den Islam als demokratie- und freiheitsfeindliche Kraft mobil gemacht werden müsse.

Die Erzkonservativen in der US-Regierung machen jedoch deutlich, daß beim Umgestaltungsprozeß im Nahen Osten unter keinen Umständen die Abhängigkeit Israels von den Vereinigten Staaten gelockert werden dürfe, was mehrere Leitartikel in ihrem Hausblatt, der *Washington Times*, wiederholt betonten. Für sie ist es auch selbstverständlich, daß Europa als möglicher Nutznießer des ›neuen Nahen Ostens‹ auszuschließen sei, sofern es nicht bedingungslos den US-Kurs mittrage.

Auf der Agenda der Erzkonservativen nimmt Rußland einen besonderen Platz ein; die ehemalige Weltmacht soll unter allen Umständen an einem Wiedererstarken gehindert werden. Einen Beitrag sollen hierbei die russischen Gangsterkapitalisten der neunziger Jahre leisten, die sich im Zuge der Liberalisierung auf kriminelle Weise immens bereicherten und die gute Beziehungen zum Staat Israel haben, was mit den äußerst laxen Bankgesetzen des Landes zu tun hat. Auf Empfehlung der konservativen Kreise finanzierten einige dieser Oligarchen Oppositionsgruppierungen gegen die jetzige russische Regierung. Unter diesem Blickwinkel betrachtet, erscheint die harte Linie von Präsident Putin gegenüber manchem ›ehrenwerten‹ Businessman in einem anderen Licht.

Im öffentlichen Diskurs werden die Neo-Cons, wie die Erzkonservativen genannt werden, als Bush-Männer verortet, deren Einfluß spätestens mit dem Ende der zweiten Amtsperiode des Präsidenten erlöschen werde. Dabei wird aber verkannt, daß auch die Demokratische Partei – zumindest ihr Führungspersonal – sich den geschilderten Positionen vorbehaltlos angeschlossen hat. Es muß also davon ausgegangen werden, daß es beim US-Establishment einen festen Konsens zur Politik im Nahen Osten gibt.

US-Allmachtsphantasien

»Die Israel-Lobby zu erwähnen, heißt die Frage aufwerfen, wie kohärent die außenpolitische Koalition George W. Bushs noch ist. Die Neokonservativen mit ihrer absurden Obsession, der Rest der Welt sehne sich nach nichts anderem, als dem Schulmeister Amerika zu Füßen zu sitzen, um Demokratie zu lernen, mußten in der letzten Zeit einige Angriffe aus dem konservativen Lager hinnehmen... Die unerschütterlichsten Verbündeten der Neocons sind nach wie vor die evangelischen Fundamentalisten und katholische Traditionalisten – sowie eine Reihe demokratischer Denker, die wie die Neokonservativen im »islamischen Faschismus« eine große Gefahr sehen, um so mehr, als sie wenig vom Faschismus und noch weniger vom Islam verstehen. Die Konservativen und Imperialisten der alten Schule verweisen auf den Sieg der Hamas in Palästina, die Wahl von Mahmud Ahmadinedschad zum iranischen Präsidenten, die gefährdete Stellung unserer Klienten in Ägypten und Pakistan (und mittlerweile auf eine ganze Serie von Katastrophen für den imperialen Einfluß der USA in Lateinamerika) als Bestätigung ihrer Überzeugung, daß die Neokonservativen Traumtänzer sind. Sie haben Recht damit, gewiß, aber die anderen Befürworter einer imperialen Politik haben auch nicht mehr zu bieten als andere Wege in eine Welt permanenter Kriegführung – oder, im Falle der Demokraten, in den etwas verwehten Fußstapfen vom ehemaligen US-Präsidenten Bill Clinton, seiner Außenministerin Madeleine Albright und deren Außenamtssprecher James Rubin, eine übertrieben freundliche Vorstellung von den wohltätigen Folgewirkungen des neuen, globalen Kapitalismus«.

Norman Birnbaum, ›Ein Gefangener der eigenen Allmachtsfantasien‹, *Frankfurter Rundschau*, 11. Mai 2006

Über ideologische Grenzen hinweg wird die Nahostpolitik Washingtons gemeinhin als ›pro-israelisch‹ verortet, wohinter viele Beobachter eine einflußreiche jüdische Lobby in den Vereinigten Staaten vermuten. Diese Sichtweise bedarf jedoch der Korrektur.

Im Zusammenhang mit dem Irakkrieg wurden vier Argumente hervorgekehrt, welche die israelische Einflußnahme auf die US-Regierungspolitik belegen sollten.

Argument 1: Die Invasion des Irak erfolgte, um frühzeitig einen irakischen Angriff auf Israel zu unterbinden.

Allen Beteiligten war aber klar, daß nach dem Golfkrieg 1991 die Vereinten Nationen durch die UN Special Commission und die Internationale Atomenergie Behörde IAEA das Raketenarsenal des Landes hatten vernichten lassen ebenso wie Atomeinrichtungen und chemische Waffen. Dies war Israel bekannt, das über einen leistungsfähigen militärischen Geheimdienst verfügt.

Träfe die obengenannte Behauptung bezüglich einer »Pro-Israel-Lobby« hinter den Kulissen der US-Politik zu, würden sich unmittelbar weitere Fragen ergeben: Warum haben die USA in den achtziger Jahren dann den vorgeblichen Feind Irak mit chemischen und anderen Waffen mit großer Reichweite vollgepumpt? Wie war das möglich, wenn es eine solche angeblich so einflußreiche Lobby in den USA gibt? Warum dann deren Hinwirken auf einen Krieg, als der Irak keine Bedrohung für Israel mehr darstellte, wohingegen die gleiche mächtige Lobby nichts unternahm, als vorher eine reale Bedrohung viel eher existierte?

Argument 2: Der Irak habe Terrorgruppen unterstützt, die Angriffe gegen Israel ausführten. Die US-Invasion sei daher eine Maßnahme gewesen, die terroristische Bedrohung zu beenden.

In der Tat hat das Hussein-Regime relativ unbedeutende Organisationen wie die Arabische Befreiungsfront gefördert. Diese Unterstützung war jedoch geringfügig im Vergleich zu den Zuwendungen und Fördermaßnahmen, die von Saudi Arabien und anderen Golfstaaten an terroristische Gruppierungen gegeben wurden. Würde es Washington tatsächlich um das Ende terroristischer Akte gegen Israel gehen, hätten sie längst gegen diese gewichtigen Sponsoren mobil machen müssen. Jedoch handelt es sich hierbei um Regimes, die von den USA unterstützt werden und mit denen sich exzellente Geschäfte machen lassen.

Argument 3: Das American Israel Public Affairs Committee sei eine der einflußreichen Kräfte gewesen, die auf einen Krieg gegen den Irak drängten.

Unbestritten ist, daß die AIPAC Einfluß hat. Am Vorabend der Entscheidung für eine Invasion gab es jedoch ganz andere Kreise wie die Öl- und Waffenindustrie, die einen solchen Krieg forderten. Ein Blick auf die veröffentlichten Mittelzuwendungen in Wahlkämpfen macht deutlich, daß diese Kreise über erheblich mehr Möglichkeiten zur Einflußnahme auf Mandatsträger und damit auf politische Entscheidungen verfügten. Außerdem gibt es innerhalb der jüdischen Gemeinschaft in den USA starke Strömungen, wie die Union of American Hebrew Congregations, die zu den scharfen Kritikern des US-Krieges zählen.

Argument 4: Vor allem pro-israelische jüdische Erzkonservative seien zu den Architekten der US-amerikanischen Invasion zu zählen. Männer wie Paul Wolfowitz, Richard Perle und Douglas Feith waren aber schon unter der Regierung Reagan aktiv; gemeinsam mit anderen Konservativen entwarfen sie Pläne für die Invasion Nikaraguas, sie veranlaßten die verschiedenen Hilfsprogramme für die Contras in Mittelamerika und entwickelten bereits damals das Konzept des militärischen Präventivschlages. Unter anderen geographischen Koordinaten, aber mit nahezu identischer Einstellung, schritten sie mehr als zehn Jahre später im Nahen Osten zur Tat. Es war nicht die Sorge um Israel, die ihr Politikmuster prägte.

Hat die US-amerikanische Eroberung des Iraks nun Israel geholfen? Das Gegenteil ist der Fall, denn die schiitischen Bewegungen sind dort an die Macht gespült worden und damit hat sich der islamistische Einfluß in dem als arabisches Schlüsselland angesehenen Irak zweifelsohne erhöht. Die schiitischen Organisationen haben bislang eine ausgesprochen israel-feindliche Einstellung an den Tag gelegt, woran sich auch in naher Zukunft kaum etwas ändern dürfte. Ferner haben im Irak radikale Gruppen an Bedeutung gewonnen, die im

Kampfgebiet Irak ihre Fähigkeiten und Techniken so verbessert haben, daß sie eine ernsthafte Bedrohung für die Bevölkerung Israels werden können, zumal sie enge Kontakte zu Gleichgesinnten in Jordanien und Palästina unterhalten. Zu Zeiten Saddam Husseins waren solchen Kräften enge Zügel angelegt, die es nun nicht mehr gibt. So gesehen, hat sich die Sicherheitslage Israels seit 2003 erheblich verschlechtert.

Hatte in der Vergangenheit die Unterstützung der USA für Israel US-kritische Stimmungen in der arabisch-islamischen Welt angeheizt, scheint es heute so, daß die Unterstützung Israels für den US-Krieg gegen den Irak den anti-israelischen Ressentiments weiteren Auftrieb gegeben hat, so daß Israel heute weitgehend isoliert und weiter als jemals zuvor von normalen diplomatischen Beziehungen mit den arabischen Nachbarn entfernt ist. Kurzum: Israel ist inzwischen auf Gedeih und Verderb von der US-amerikanischen Politik abhängig.

Aus Sicht der politischen Klasse in Washington ist dies eine günstige Lage. Schon früher hatte sich Israel als williger und überaus tüchtiger Helfer erwiesen, wenn es darum ging, nationalistische Bewegungen im Libanon, in Jordanien und in Palästina an die Kette zu legen. Israel hatte ferner Syrien, den wichtigsten Verbündeten der Sowjetunion im Nahen Osten, machtpolitisch neutralisiert und damit die andere Supermacht in der Region isoliert.

Ferner benutzten die Vereinigten Staaten ihren Statthalter in der Region bei weiteren Anlässen, beispielsweise im Golfkrieg 1991, wo von Israel entwickelte Waffensysteme erstmalig unter Gefechtsbedingungen getestet wurden, auch wegweisende technische Neuerungen für Zielsysteme bei Marschflugkörpern und neuartige Boden-Luft-Waffen. In allen Fällen erwies sich Israel als ein jederzeit bereiter und effektiver Gehilfe der USA, so daß Kritiker dort davon sprechen, daß die israelische Regierung eine weitere US-Bundesbehörde geworden sei, die immer dann zur Tätigkeit aufgerufen werde, wenn etwas rasch, aber diskret für Washington zu erledigen sei.

Angesichts dieser extrem einseitigen sogenannten Kooperation drängen sich historische Erinnerungen auf: War es nicht so, daß die absolutistischen Regenten im alten Europa Juden auf besonders exponierte und bei der Bevölkerung verhaßte Stellungen, wie Steuereintreiber und Geldverleiher, hievten, um dann bei sozialen Krisen »die Juden« als Sündenböcke bloßzustellen? Und die Parallele: Wird nicht im aktuellen politischen Diskurs im Nahen Osten auf arabischer Seite Israel als das Grundübel gebrandmarkt, obwohl es nichts weiter tat, als die Aufgaben der Patronatsmacht USA zu erledigen?

Als Beistand für Israel verkaufen die USA ihre eigennützige Interessenpolitik im Nahen Osten und können so von eigenen Versäumnissen und Fehlern ablenken. Es ist Merkmal der US-Weltmachtpolitik, Verbündete heranzuziehen, die in ihrem Auftrag agieren sollen. Entscheidungen werden in der Substanz aber ausschließlich von Washington getroffen; geht etwas schief, hat man höchst passend einen Schuldigen parat. Welthegemonie als geteilte Macht ist nicht möglich. Insofern ist der weitverbreitete Eindruck, daß Israel die US-Politik im Nahen Osten bestimme, irreführend. Dagegen sprechen auch die Eigeninteressen der einflußreichen US-Wirtschaftskreise und unterschwellige anti-semitische Ressentiments in der US-amerikanischen Öffentlichkeit. Nebenbei gesagt: Dies belegt, wie gefährlich es auf lange Sicht für Israel selbst werden kann, wenn es sich weiterhin für solche Strategien benutzen läßt, statt eigenständig nach einem Modus vivendi mit den Palästinensern und seinen arabischen Nachbarn und also auch nach Kompromissen zu suchen, die deren legitimen Interessen Rechnung tragen.

Die Überlegung, daß Israel einmal zum Opfer der US-amerikanischen Hegemonialpolitik im Nahen Osten werden könnte, ist nicht abwegig. Hinweis gebend kann hierfür die Entwicklung in Ägypten sein, das sich schleichend vom Status eines US-Protektorats zum Zentrum einer anti-westlichen Strömung hin entwickelt.

Kampf um Ressourcen

Vor etwas mehr als einhundert Jahren war die Erdölförderung ein unbedeutender Wirtschaftszweig. Dies änderte sich bald. Insbesondere

Ägypten: Islamische Gruppe und soziale Opposition

In kaum einem anderen Land des Nahen Osten ist die Ablehnung der gegenwärtigen Politik der USA so stark und so deutlich artikuliert worden wie in Ägypten. Vor diesem Hintergrund verdient die Rolle Ägyptens als intellektuell-religiöses Zentrum der islamischen Welt besondere Aufmerksamkeit.

Die Terrorakte in den neunziger Jahren rückten die ägyptischen Islamisten der Gama'a al-Islamiyya (Islamische Gruppe) in den Mittelpunkt öffentlichen Interesses, besonders seit dem Anschlag auf eine westliche Touristengruppe in Luxor 1997, bei dem mehr als 60 Menschen getötet wurden. Es wäre aber abwegig, die Gama ausschließlich als Terroristenorganisation zu betrachten. Bei näherem Hinsehen wird deutlich, daß es sich hierbei um eine Bewegung von marginalisierten Schichten handelt, die Aufstände und Terrorakte durchführten, um ihre Lage zu ändern. Hierin unterscheidet sie sich kaum von ähnlichen Bewegungen überall in der Dritten Welt, wo Gewalt als ein letztes Mittel gegen weiteren Verelendungsdruck angesehen wird. Dies wiederum deutet auf die Auswirkungen der Globalisierung im neoliberalen Stil hin.

Diese politischen Kräfte profitierten vom Scheitern der ersten nachkolonialen Entwicklungspolitik unter Präsident Nasser. Freie Ausbildung und für viele anschließende Beschäftigung im Staatsdienst blieben der Form nach erhalten; aber der Staatsapparat konnte nicht mehr ausreichend finanziert werden mit den Folgen, daß die Gehälter schrumpften und die Universitätsabsolventen lange Wartezeiten für einen Job in Kauf nehmen mußten, der ihnen weder materielle Sicherheit noch soziales Ansehen verschaffte. Die aus den Ölstaaten heimkehrenden Fellachen, die dort als Gastarbeiter beschäftigt gewesen waren, trafen auf eine immer noch sozial erstarrte Region, wo ihnen wirtschaftlicher und sozialer Aufstieg versperrt blieb. Außerdem sanken angesichts des zuende gehenden Ölbooms die Aussichten auf einen weiteren Arbeitskontrakt im arabischen Ausland.

Der von Präsident Sadat eingeleitete Wechsel ins US-amerikanische Lager machte – gewissermaßen der Preis für die üppige Ausstattung der herrschenden Kreise Ägyptens mit US-Waffen und Krediten – Wirtschaftsreformen Ende der 70er erforderlich. Der anfänglich zögerliche Abbau des Staatssektors ging einher mit der Kooptation der ländlichen Eliten, um auf diese Weise neue gesellschaftliche Allianzen für den Machterhalt zu schmieden. In Oberägypten wurde die Position der Aschraf Notabeln so gestärkt, daß Bauern unter rechtlich höchst anrüchigen Umständen von ihrem Boden vertrieben wurden. Sadats Nachfolger Hosni Mubarak ging die neoliberalen ›Reformen‹ wesentlich zügiger an. Staatliche Subventionen von Grundnahrungsmitteln und Saatgut wurden abgeschafft, Preiskontrollen aufgehoben. Vor dem Hintergrund des Wirtschaftsliberalismus verschlechterte sich die materielle Lage der lohnabhängigen Bevölkerung; die bereits randständigen Schichten versanken in noch tieferer Armut. In Oberägypten kam erschwerend hinzu, daß Mitte der 80er Jahre die Arbeitsmigration in die Ölstaaten aufgrund der dortigen Wirtschaftskrise zum Erliegen kam; zu Beginn des Golfkrieges 1990 wurden die ägyptischen Gastarbeiter in ihre Heimatregion abgeschoben, ohne Aussicht auf Rückkehr. Unter Nasser scheiterte der Sozialismus, unter Sadat der Kapitalismus und unter Mubarak beide, gießt Nabeel Jabbour (*The Rumbling Volcano. Islamic Fundamentalism in Egypt.* Pasadena, 1993, S. 231) die wirtschaftliche Entwicklung Ägyptens der letzten fünf Jahrzehnte in eine griffige Formel.

Wie sehr das Regime durch diese Entwicklungen verunsichert ist, zeigen Gerüchte von einem gescheiterten Putsch. Bei aller offenkundigen Haltlosigkeit sind solche Meldungen ein

Indikator für die offenen Fragen bezüglich der Zukunft des Regimes. Präsident Mubarak ist mittlerweile 76 Jahre alt, und auch seine Nachfolge ist bislang nicht offiziell geregelt. Er selbst hat es bis jetzt vermieden, einen Stellvertreter zu ernennen, der ihm im Amt nachfolgen könnte. Inoffiziell deutet vieles auf eine »syrische Lösung« hin, die Amtsübergabe an den Sohn Gamal Mubarak. Diese Regelung ist aber auch innerhalb der Mubarak nahe stehenden Kreise umstritten.

die Verwendung von Erdöl für militärische Zwecke, als Treibstoff für Kriegsschiffe, Panzer und Kraftwagen, brachte die direkte staatliche Einmischung in dieses Geschäft mit sich, die bis in die Gegenwart hinein andauert. Wie kein anderer Rohstoff war und ist Öl das Schmiermittel imperialistischer Politik. In der Phase des langen Nachkriegsbooms (1945 bis Mitte der 70er Jahre) stiegen hier Produktion und Umsätze wie in keiner anderen Branche

Der Großteil der Lagerstätten befindet sich heute in der Dritten Welt; die Hauptabsatzmärkte hingegen bilden die Industriezentren Nordamerikas, Westeuropas, Japans, Südostasiens und Chinas. Die Realisierung der extrem hohen Profitchancen erfordert allerdings einen ungehinderten Zugang zu den Fördergebieten; dies hat ›robuste‹ politische Interventionen zur Folge.

Bis zum Zweiten Weltkrieg waren die Vereinigten Staaten das größte Förderland; die damalige Weltmacht Großbritannien bezog ihr Öl aus Kolonien oder Halbkolonien. US-amerikanische und britische Konzerne beherrschten den Ölweltmarkt und konnten jederzeit mit tatkräftiger Beihilfe ihrer Regierungen rechnen. Die globale Ölökonomie nach 1945 wurde maßgeblich von den Vereinigten Staaten geformt mit Großbritannien als Juniorpartner. Die Vormacht der angelsächsischen Ölkonzerne blieb erhalten. Allerdings waren sie nicht allmächtig, ebenso wie der US-Weltmacht durch die Existenz der UdSSR politische Grenzen gesetzt waren. Entkolonialisierung und

Systemkonkurrenz bewirkten, daß die Ölförderländer ihren Gewinnanteil am Ölgeschäft erhöhen konnten; der traditionelle ›Ölimperialismus‹ war im neuen Förderzentrum Naher Osten, auch Tankstelle der Weltwirtschaft genannt, nicht länger praktikabel. Aber Erdölausbeutung erfordert keinen sozialen Wandel; sie kann in bestehende vorindustrielle Verhältnisse eingebunden werden. Die nahöstlichen Regime, allesamt autokratisch geprägt, konnten als Rentiers agieren, d.h. Teile des neuen Reichtums zur sozialen Befriedung einsetzen und andere als Finanzkapital anlegen. Bei ihren Auseinandersetzungen mit den Ölkonzernen handelt es sich lediglich um Verteilungskämpfe. Der Kapitalismus lebt von Profitmaximierung; daher werden Geschäftsstörungen aufs schärfste geahndet; sobald mit dem Untergang der Sowjetunion die Systemkonkurrenz verschwunden war, begannen die angelsächsischen Ölinteressenten eine Politik des Roll-back. Die US-Regierung formulierte ihre Politikziele im Mai 2001; Grundlage hierfür war der Bericht der National Energy Policy Development Group unter Vorsitz des Vizepräsidenten. Demnach werde der Ölbedarf der Vereinigten Staaten in den nächsten 25 Jahren erheblich steigen. Es sei deshalb erforderlich, die US-Reserven aufzustocken. Die Empfehlung des Berichts, die Ölvorkommen in Alaska zu erschließen, obwohl sie in einem großflächigen Naturschutzgebiet liegen, führte zu erheblichen Protesten, lenkte jedoch von dem außenpolitisch höchst brisanten Schlußteil des Berichtes ab; dessen Überschrift »Strengthening International Alliances«.

Dort wird folgendes ausgeführt: Der Importbedarf der Vereinigten Staaten werde bis zum Jahr 2020 von 52 auf 66 Prozent des Gesamtverbrauchs steigen, d.h. von einem gegenwärtigen Tagesbedarf von 10,4 Millionen Faß auf 16,7 Millionen. Die ausländischen Produzenten müßten also ihre Förderung ausdehnen und sich bereit erklären, mehr an die USA zu liefern. Die meisten ölexportierenden Staaten seien aus finanziellen Gründen hierzu nicht in der Lage oder wollten nicht, daß die USA Einfluß auf ihre Fördermenge nähmen. Der Bericht empfiehlt der Regierung deshalb, Ölimporte »zum Hauptziel unserer Wirtschafts- und Außenpolitik zu machen«. Hierzu wurden zwei Vorschläge unterbreitet.

- Erstens müßten die Importe vom Persischen Golf gesteigert werden. Dort lägen knapp zwei Drittel der globalen Ölreserven. Das Weiße Haus müsse alle Anstrengungen unternehmen, die Staaten in dieser Region dahin zu bringen, daß beim Ölgeschäft Förderung, Ausbau der Infrastruktur und Verschiffung von US-amerikanischen Firmen durchgeführt würden.
- Zweitens müsse die Abhängigkeit von nur einer Förderregion beendet werden, denn: »Die Beschränkung auf eine Region kann zu unstabilen Verhältnissen im Markt führen. Deshalb ist eine Diversifikation der Ölversorgung von allergrößter Wichtigkeit«. Die Experten verweisen hier auch auf die instabilen politischen Verhältnisse im Vorderen Orient. Empfohlen wird deshalb, daß Regierung und US-Ölindustrie sehr eng zusammenarbeiten, um Vorkommen am Kaspischen Meer (besonders Aserbaidschan und Kasachstan), im westlichen Afrika (Angola und Nigeria) und in Südamerika (Kolumbien, Mexiko und Venezuela) zu erschließen.

Genau an diesem Punkt fließen militärische und ölpolitische Ziele zusammen. Eine Ölpolitik, die den Zugang der USA zu Ressourcen in politisch instabilen Regionen als Perspektive hat, wird auf militärische Gewalt zurückgreifen, weil dadurch ein Höchstmaß an Kontrolle hergestellt werden kann. Andererseits hängt die Schlagkraft des Militärs vom Erdöl als Treibmittel der Hi-Tech-Armee ab. Jegliche Gefährdung der Ölzufuhr liefert unter dem Aspekt der nationalen Sicherheit einen weiteren Grund zur Intervention.

Die US-amerikanische Ölindustrie hat vermutlich noch niemals eine ihr so wohlgesonnene Regierung gehabt wie unter George W. Bush; man könnte es auch so formulieren, daß es keinem anderen Wirtschaftszweig bislang gelungen ist, soviel eigenes Personal an die Schalthebel der Macht zu bringen. Die kohärente außenpolitische Zielformulierung stellt einen überaus wirksamen Öffentlichkeitseffekt bereit. Mit Hinweis auf die unsichere Versorgungslage beim Erdöl kann die Regierung beispielsweise ihre Unterstützung der einheimischen Ölindustrie rechtfertigen; der Hinweis auf die Terrorismusgefahr dient dazu, Kritiker der Militärausgaben zum Schweigen zu bringen; der Hinweis auf Terrorismus und Probleme der Ölversorgung lieferte eine mehrheitsfähige Begründung für den militärischen Zugriff auf den Irak.

Andere Gruppen der US-Wirtschaftselite wie die Finanzwirtschaft sind in der Regierung Bush zwar kaum vertreten. Aus diesen Kreisen vernahm man aber kaum substantielle Kritik an der Außenpolitik unter Bush. Das hat seinen guten Grund: Der Zugriff auf das globale Erdöl bedeutet auch, daß der Dollar das einzige Zahlungsmittel in diesem weltwirtschaftlich so bedeutsamen Markt bleibt. Dies verschafft der Wall Street neue Aufträge und Geschäfte und festigt ihre Position weltweit.

Der Zugriff auf neue Ölquellen hat seine militärische Komponente: Das US-Militär ist auf Öl angewiesen. Eine vielbeachtete Untersuchung (Energy Trends and Their Implications for U.S. Army Installations des U.S. Army Engineer Research and Development Center (ERDC) vom September 2005) hat den Blick darauf gerichtet, daß Energiesparen und Einsatz alternativer Energien notwendig seien. Die Experten bezweifeln die Schätzungen des US Geological Survey, die von einer langfristig ausreichenden Versorgung mit Erdöl ausgehen. Auf den ersten Blick liest sich die Untersuchung wie eine ökologisch inspirierte Studie. Allerdings machen die Verfasser darauf aufmerksam, daß Einsparungen nicht im eigentlich notwendigen Umfang

Öl-Junkie USA

»Der Verbrauch von Energie ist amerikanische Lebensart«, stellte US-Präsident Bush in seiner Rede zur Lage der Nation 2006 fest. Die US-amerikanische Öffentlichkeit ist angesichts der drastisch gestiegenen Preise für Öl, Gas und Benzin alarmiert. Wohl zur Beschwichtigung verkündete Bush seine »Advanced Energy Initiative«. Hierbei handelt es sich um zusätzliche Haushaltsmittel für die Erforschung alternativer Energiequellen. Die vorgesehenen 180 Millionen Dollar, noch nicht einmal ein Prozent des Bundeshaushaltes, werden keine Lösung bringen, darüber sind sich alle Experten einig. Das Energieministerium geht von einem Anstieg des Rohölbedarfs von gegenwärtig 20 Millionen Barrel pro Tag auf demnächst 26 Millionen aus. Die einheimischen Vorkommen sind bald erschöpft, ebenso die Ölfelder im ›nahen Ausland‹, Kanada und Mexiko. Damit steigt die Abhängigkeit von Importen, bei denen bereits jetzt eine Zunahme der Lieferungen aus dem Nahen Osten festzustellen ist. Das Ministerium geht von einem Ansteigen dieser Importe von 2,5 auf 6 Millionen Barrel pro Tag aus.

Eine naheliegende Lösung kommt der Regierung offenbar nicht in den Sinn, nämlich über eine effiziente Nutzung des Rohstoffs Öl nachzudenken. Die Bundesrepublik etwa verbraucht für jeden Euro ihrer Wirtschaftsleistung nur 0,7 mal so viel Energie wie die USA, mithin ein Einsparungspotential von rund einem Drittel. (Claus Hecking, ›Öl-Junkie Amerika‹, *FTD*, 6. Februar 2006, S. 27)

Auswirkungen auf Europa: »Steigen die Ölpreise, wird auch das Tanken teurer – meistens jedenfalls. Doch nicht immer marschieren die Preise an den Ölmärkten und den Tankstellen im Gleichschritt. Das liegt zum einen daran, daß es für Kraftstoffe einen eigenen Markt gibt. Die spritdurstigen US-Amerikaner kaufen immer wieder massiv Benzin in Europa auf, weil ihre eigenen Kapazitäten zur Raffinerie des Benzins aus dem Öl chronisch knapp sind. Das treibt dann den Benzinpreis in Europa hoch, selbst wenn die Ölpreise weltweit stagnieren. Währungsdifferenzen kommen außerdem noch hinzu. Da Öl in Dollar, Benzin hier zu Lande aber in Euro bezahlt wird, hilft ein starker Euro, Ölpreissteigerungen abzufangen. Die Verbraucher in Europa haben deshalb bis vor zwei Jahren kaum etwas vom steigenden Ölpreis gespürt, denn der Euro war gegenüber dem Dollar noch teurer geworden.« (Oliver Ristau, ›Öldurst macht abhängig‹, *FR*, 20. April 2006) vorgenommen werden könnten, weil darunter die militärische Einsatzbereitschaft leide. Die Verwendung alternativer Energie stößt in diesem Sektor momentan auf große technische Schwierigkeiten und würde, falls sie einsatzbereit wäre, eine komplette Umrüstung der militärischen Ausrüstung erfordern. Hieraus wird die Empfehlung abgeleitet, daß »es an der Zeit ist, strategisch über Energie nachzudenken und darüber, wie die Armee auf die globale und nationale Energielage antworten sollte«. Was verbirgt sich hinter dieser Botschaft? Da, wie die Untersuchung nachzuweisen versucht, zum Öl in nächster Zeit keine Alternativen zur Verfügung stünden, bleibt logischerweise als einziger Ausweg, die knapper werdenden Ressourcen noch direkter unter US-Kontrolle zu bringen. Anders kann das Militär seine für die weltweiten US-Interessen unabdingbare Funktion nicht mehr in der erforderlichen Effizienz ausüben. Also ist es im Interesse der US-Wirtschaftselite und des Militärs, den weiteren Zugriff auf Ölvorkommen zu betreiben. Es muß davon ausgegangen werden, daß in dieser Sache Einmütigkeit bei den herrschenden Kreisen der Vereinigten Staaten besteht.

Der Ölmarkt: Angebot, Nachfrage, Vorkommen. Öl ist das Schmiermittel der gegenwärtigen Weltwirtschaft; wurden im Jahr 1950 täglich 10 Millionen Barrel gefördert, so waren es fünfzig Jahre später bereits weit über 70 Millionen. Es ist jedoch anzunehmen, daß ab einem gewissen Punkt das Angebot die Nachfrage nicht mehr befriedigen wird. Denn Öl ist ein in nur begrenztem Umfang vorhandener Rohstoff. Schätzungen gehen davon aus, daß im kommenden Jahrzehnt die Hälfte der Vorkommen aufgebraucht sein wird. Nach Expertenmeinung ist dies ein kritischer Zeitpunkt, weil die Verwertung der zweiten Hälfte mit größerem Aufwand als bisher verbunden sein dürfte, d.h. eine Steigerung der Tagesförderung ist unwahrscheinlich, so daß es zu Verknappungen kommen dürfte.

Verläßliche Informationen über Ölvorkommen und Reserven gibt es allerdings nicht. Das hängt damit zusammen, daß geologische Erkundungen beim heutigen Stand der Technik nur ungefähre Werte über Umfang und Ergiebigkeit der Lagerstätten liefern können. Alle

Weltölförderung

Tabelle: Weltölförderung, 2005, in Millionen Barrel pro Tag

OPEC-Staaten	33,98	*Nicht-OPEC-Staaten*	51,43
Saudi Arabien	9,15	USA	7,28
Iran	3,88	Mexiko	3,77
Irak	1,81	Norwegen	2,95
VAE	2,45	Großbritannien	1,66
Kuwait	2,13	frühere UdSSR (Rußland)	12,13 (9,79)
Nigeria	2,40	China	3,63
Venezuela	2,10	Südamerika	4,28
		Afrika	4,25
Total (davon OECD-Staaten)			84,10 (20,31)

Quelle: International Energy Agency, Monthly Oil Market Report, 17. Januar 2006, Tabelle 3

Tabelle: Weltnachfrage nach Erdöl, 2005, in Millionen Barrel pro Tag

OECD-Staaten	49,71	*Nicht-OECD-Staaten*	33,59
Nordamerika	25,47	frühere Sowjetunion	3,70
Europa	15,61	China	6,62
Pazifischer Raum	8,53	übriges Asien	8,76
		Südamerika	4,98
		Naher Osten	5,92
		Afrika	2,90

Quelle: International Energy Agency, Monthly Oil Market Report, 17. Januar 2006, Tabelle 2

Berechnungen darüber, wie lange die weltweiten Ölvorräte noch reichen werden, weisen deswegen Schwachstellen auf; aber unbestritten ist, daß mit wachsenden Engpässen zu rechnen ist und daß die Ära reichhaltig sprudelnden Erdöls bald ihrem Ende zugeht.

Drei Dinge werden von niemandem bestritten: Erstens sind die vorhandenen Lagerstätten in den Industrieländern bekannt, ihre Lebensdauer ist absehbar, und die Förderung daraus nimmt tendenziell ab. Einen Joker stellen höchstens noch Teersand- und Ölschiefer-Ablagerungen dar, die – allerdings nicht besonders günstig – zu Erdölprodukten verarbeitet werden können. Zweitens dürfte China trotz forcierter Förderung im Inland ein Netto-Erdölimporteur bleiben. Und drittens liegt der größte Teil der Erdölreserven der Welt im Nahen Osten, insbesondere in Saudi-Arabien. Experten rechnen damit, daß der Irak über etwa gleich große Reserven verfügt. Die anhaltenden Kämpfe dort verzögern jedoch genauere geologische Abklärungen.

Die Organisation erdölexportierender Länder (OPEC) wird von den Verbraucherländern seit dem von ihr orchestrierten Erdölschock in den siebziger Jahren nicht mehr als unbedingt verläßlicher Partner betrachtet. Ihre Mitgliedsländer – vorwiegend Staaten des Nahen Ostens, aber auch Venezuela, Nigeria und Indonesien – sind zudem meist politisch ›gefährdet‹. Doch auch die neu zu erschließenden Erdölreserven außerhalb der OPEC liegen in nicht eben «sicheren» Gebieten. Industrievertreter nennen als mögliche neue, lukrative Förder-Regionen Westafrika, das Kaspische Meer und seine Umgebung sowie Sibirien. Um das «neue» Erdöl aus dem Terrain der ehemaligen Sowjetunion zu den Verbrauchern zu transportieren, sind sehr große Investitionen nötig. Schon buhlen China und Japan um den Verlauf der Transportwege für sibirisches Öl. Häufig hofieren mehrere ausländische Großmächte korrupte Regime in Erdölstaaten; diese Länder dürften dadurch in Zukunft kaum politisch stabiler werden.

Die größten Vorkommen sind auf einige wenige Gebiete konzentriert: fünf Staaten – Saudi Arabien, der Irak, die Vereinigten Arabischen Emirate, Kuwait und der Iran – besitzen gemeinsam circa zwei Drittel der weltweiten Vorkommen. Auf Venezuela, Rußland, Mexiko, die Vereinigten Staaten, Libyen, China, Nigeria, Norwegen und Großbritannien entfällt rund ein Viertel der gegenwärtigen Produktion. Diese hohe Konzentration bedeutet, daß die Verfügung über den weltwirtschaftlich gegenwärtig wichtigsten Rohstoff von den politischen und sozialen Bedingungen in wenigen Staaten abhängt.

Der Nahe Osten ist alles andere als eine politisch stabile Region. Seit der Erschließung der riesigen Öllager dauern Verteilungskämpfe um Besitz dieser Vorkommen und um die Gewinne aus der Extraktion an. Die autokratischen Regime, der Aufstieg eines radikalen Islamismus und schließlich die Unterdrückung des palästinensischen Volkes durch den israelischen Siedlerkolonialismus sind weitere Faktoren der Instabilität.

Dies erklärt das Bemühen, vom Öl des Nahen Ostens unabhängiger zu werden. Die Erschließung der Ölvorkommen in der Nordsee und in Alaska in den siebziger Jahren war Ergebnis des sogenannten Ölschocks 1973/74, mit dem die nahöstlichen Produzentenländer ihre Macht unter Beweis stellten. Der Trend zur Diversifikation setzte sich danach verstärkt fort und begründete die ausgedehnten Fördertätigkeiten in Südamerika, Afrika und am Kaspischen Meer.

Ein Blick auf Länder wie Kolumbien und Nigeria macht jedoch deutlich, daß auch dort ähnlich unsichere soziale Verhältnisse herrschen wie im Nahen Osten. Zweifelhaft ist außerdem, ob sich das Kaspische Meer zu einer stabileren Region als der Persische Golf entwickeln wird. Die von Ölimporten abhängigen großen Industriestaaten sind also darauf aus, dieser Unsicherheit mit verstärktem politischem oder militärischem Engagement zu begegnen und frühzeitig zu intervenieren, sobald eine aus ihrer Sicht bedrohliche Entwicklung heraufzieht.

Gleiches gilt für die Transportwege, seegestützt oder über Pipelines. Die Straße von Hormus, die den Persischen Golf mit dem Indischen Ozean verbindet, das Rote Meer, die südchinesische See und der Transkaukasus bilden wichtige Knotenpunkte, durch die täglich fast die Hälfte des globalen Ölbedarfs transportiert wird.

Erkennbar ist, daß Öl weiterhin hochbegehrt ist. Eine Kontrolle über diesen Rohstoff verheißt demnach enorme Profite und strategische Vorteile. Weil in absehbarer Zeit das Angebot an seine natürlichen Grenzen stoßen dürfte, bedeutet diese Kontrolle noch höhere Profite und politische Überlegenheit. Genau dies hat die US-Regie-

Erdgas

Die Weltwirtschaft dürstet nach Erdgas. Vor drei Jahrzehnten noch als ›häßliche Schwester des Erdöls‹ bezeichnet und abgefackelt, deckt Erdgas heute fast ein Viertel des weltweiten Primärenergieverbrauchs. Kein anderer fossiler Brennstoff hat so hohe Wirkungsgrade bei so einem geringen Treibhausgasausstoß. Nach Prognosen wird die Nachfrage bis 2020 jedes Jahr 3,5 Prozent zunehmen. Dann wäre Erdgas die Nummer zwei, hinter Öl und vor Kohle.

Die Reserven der großen Produzentenländer USA, Kanada und Großbritannien gehen zu Neige. Am Persischen Golf, in Katar und im Iran, liegen die größten Vorkommen, die jetzt erst ausgebeutet werden. Ein weiterer Grund für die Attraktivität der neuen Lagerstätten ist die Senkung der Transportkosten für Erdgas. LNG (Liquefied Natural Gas), wie Flüssiggas bezeichnet wird, kann jetzt kostengünstiger hergestellt und billiger verschifft werden. Als Faustregel gilt, daß Flüssiggas ab einer Transportstrecke von 3000 Kilometern billiger ist als Erdgas per Pipeline. Der deutsche Konzern Eon ist im Begriff, einen rund 500 Millionen Euro teuren Terminal in Wilhelmshaven zu bauen.

Quelle: Claus Hecking, ›Die Gasgeber‹, *FTD*, 17. März 2006, S. 31

rung im Blick. Bei der Verwirklichung ihrer Interessen steht momentan der Iran als Hindernis im Wege. Ihn – auf welche Weise auch immer – gefügig zu machen, ist ein verlockendes Ziel: Die Vereinigten Staaten bekämen Zugriff auf den Großteil der dortigen Ölvorkommen und -reserven und würden mit ihrem Militärapparat auch die dortigen Transportwege kontrollieren. Schließlich würde hierdurch die Rolle des US-Dollars als Weltgeld gefestigt, was den US-amerikanischen Finanzkreisen weiterhin blühende Geschäfte garantieren soll.

US-amerikanischen Ölkonzernen ist der Zugang zum iranischen Öl aber versperrt seit den von der Regierung Clinton verhängten Wirtschaftssanktionen. Wichtige Konkurrenten haben diese Lücke ausgefüllt und bedeutsame Abnehmerländer wie China und Indien, das als ein kommender Motor der Weltwirtschaft gehandelt werden, haben langfristige Lieferverträge mit Teheran abgeschlossen – den US-Gesellschaften sind also äußerst lukrative Geschäfte entgangen. Zwar wäre es möglich, den Präsidentenerlaß EO 12959 aus dem Jahr 1995, der die Sanktionen begründete, aufzuheben. Aber dies ist unwahrscheinlich, weil die Regierung Bush im Iran auf Regimewechsel setzt mit dem Ziel, so wie im Irak eine US-hörige Regierung zu installieren. Der Vorteil bestünde darin, daß im Erfolgsfall die lästige Konkurrenz ausgeschaltet wäre und Lieferverträge mit China und Indien neu verhandelt würden, was wiederum die machtpolitische Position der USA gegenüber den kommenden Großmächten stärken würde.

Ausblick. Sofern es Washington gelingt, den Stolperstein Iran zu beseitigen, würden sich seiner Hegemonialpolitik neue verheißungsvolle Perspektiven eröffnen; die US-amerikanische Kontrolle über den Persischen Golf wäre damit zementiert und der dann nahezu ungehinderte Zugriff auf die Ölvorkommen am Kaspischen Meer gesichert. Damit besäßen die Vereinigten Staaten die uneingeschränkte Verfügungsmacht über den Großteil der weltweiten Ölförderung – ein extrem lukratives Geschäft für die eigene Ölindustrie und gleichzeitig ein enormer strategischer Zugewinn für die Weltmacht USA.

Aber es gibt noch zwei weitere begehrte Objekte; das sind Erdgas und Pipelines.

Nach Expertenmeinung wird Erdgas zum wichtigsten Energieträger im 21. Jahrhundert werden. Schätzungen besagen, daß in den nächsten 20 Jahren die weltweite Nachfrage nach Erdgas sich verdreifacht. Mehr als drei Viertel des geförderten Erdgases werden aus der Region um den Persischen Golf stammen. Der mit weitem Abstand größte Abnehmer wird dabei Asien sein. Neben Katar kommt dem Iran eine herausragende Rolle als Produzent zu. Das iranische Erdgasfeld von Südpars enthält annähernd zehn Prozent der weltweiten

Gasreserven. Das Vorkommen wird im Rahmen eines joint-ventures von dem Staatsbetrieb National Iranian Oil Co (NIOC) und der französischen TotalFinaElf ausgebeutet. Die strategische Bedeutung von Südpars liegt darin, daß die Förderung ausschließlich für den asiatischen Markt bestimmt ist. Der Bau einer Pipeline zur pakistanischen Grenze und von dort nach Indien stieß auf die heftige Ablehnung der US-Regierung. Allerdings lenkte Präsident Bush dann ein, wohl um die Zustimmung Indiens zu dem bilateralen Nuklearabkommen zu erhalten. Diese Pipeline stellt die kostengünstigste Transportweise dar. Mit dem Bau soll jetzt begonnen werden, die Bauzeit dürfte rund fünf Jahre betragen.

Vor dem Hintergrund einer dauerhaften Abhängigkeit von Energieimporten, die bei weiterer wirtschaftlicher Entwicklung noch zunehmen wird, und der Aussicht, iranisches Gas zu günstigen Preisen zu bekommen, sind sowohl die pakistanische als auch die indische Regierung der Ansicht, daß der momentan schwelende Konflikt um das Nuklearprogramm des Iran rasch und ohne weitere Komplikationen beigelegt werden sollte. Die indische Regierung hat sich deshalb deutlich gegen einen Regime Change im Iran ausgesprochen, wie er von den Vereinigten Staaten lauthals propagiert wird.

Die US-amerikanische Obstruktion gegen eine Iran-Pakistan-Indien-Pipeline und ähnliche Projekte überrascht nicht, denn diese bedeuten nicht nur die Festigung der Islamischen Republik Iran, sondern schwächen die US-Position im Ölgeschäft und mindern ihren Einfluß in Südasien.

Bei alledem ist auch die Interessenlage der Volksrepublik China zu beachten. Deren immenser Energiebedarf bei der nachholenden Industrialisierung wird aus ausländischen Quellen gedeckt, teilweise aus politisch instabilen Ländern. Es ist selbstverständlich, daß China an dauerhaft gesicherten Importen interessiert ist und besonders an bilateralen Abkommen, um störende Interventionen von dritter Seite zu verhindern.

Dazu gehören auch entsprechende Versorgungswege wie die Pipelines, die Zentralasien mit China verbinden. Der wachsende regionale Einfluß der Volksrepublik zeigt sich u.a. daran, daß der Iran, Indien und Pakistan der Shanghai Cooperation Organisation (SCO) als Beobachter beigetreten sind.

Die Vereinigten Staaten werden mit ihrer Energiepolitik hier kaum auf Verständnis und Gegenliebe stoßen. Konflikte sind deshalb vorprogrammiert.

Kapitel 4
Die Konkurrenz

Die Machtpolitik der Vereinigten Staaten findet keine uneingeschränkte Zustimmung. Das wiedererstarkte Rußland ist bemüht, seine in der Jelzinära verlorene Rolle als Großmacht wieder einzunehmen; die Volksrepublik China benötigt für einen dauerhaft wirtschaftlichen Aufschwung sichere Energieimporte. Die unterschiedlichen Interessen prallen gegenwärtig im Kaukasus und in Zentralasien aufeinander.

Der russische Rivale

Die politischen Beziehungen zwischen den Vereinigten Staaten und Rußland haben sich verschlechtert, so meint jedenfalls das US-amerikanische Establishment. Eine aktuelle Publikation des für die Konzipierung der US-Außenpolitik maßgeblichen Council on Foreign Relations (CFR) trägt den bezeichnenden Titel: »Russia's Wrong Direction: What the United States Can and Should Do«.

Im Januar 2006 berief Vizepräsident Cheney eine Expertengruppe unter Leitung des Geheimdienstchefs; sie sollte die bisherige US-Politik gegenüber Rußland überprüfen und mögliche Szenarien für den Umgang mit der früheren Weltmacht entwerfen. Das Außenministerium setzte ebenfalls eine solche Gruppe ein. Beide Gremien kamen zu dem Schluß, daß gegenüber Moskau eine härtere Gangart einzuschlagen sei. Die Gruppe des Vizepräsidenten empfahl sogar, das G8-Gipfeltreffen im Juli 2006 in St. Petersburg zu sabotieren, da es nicht hingenommen werden könne, daß Rußland dort den Vorsitz habe. Diese Einschätzungen decken sich weitgehend mit denen der CFR-Studie, die Beachtung verdient, da an ihr hochrangige Politiker beider Parteien mitwirkten. Es ist anzunehmen, daß sie die gegenwärtige Grundhaltung der US-Politik gegenüber Rußland zum Ausdruck bringt.

Aus US-amerikanischer Sicht weicht Rußland vom Kurs ab; das

Land sei heute weniger offen und weniger demokratisch als noch vor einigen Jahren und das politische System bewege sich stetig auf einem autoritären Weg, heißt es in der genannten Studie.

Neben einer als »De-Demokratisierung« bezeichneten Entwicklung wird besonders die Tendenz des russischen Präsidenten kritisiert, Energieexporte als politische Waffe einzusetzen. Auch wird moniert, daß Rußland gemeinsam mit China den US-amerikanischen ›Krieg gegen den Terror‹ nicht mehr mittrage. Als Belege dienen der Druck, der von beiden Staaten ausgeübt wird, die US-Basen in Zentralasien räumen zu lassen, und die Anerkennung der Hamas als demokratisch gewählter Partei.

Damit Rußland wieder auf den von den USA gewünschten Kurs zurückfinde, spricht sich die Studie für eine intensivere Anwendung des »Freedom Support Act« aus. Dieses Gesetz beinhaltet die Förderung und materielle Unterstützung von sogenannten Nichtregierungsorganisationen beim ›demokratischen Wandel‹ in den Staaten des früheren Ostblocks. Die Verfasser haben die nächsten russischen Präsidentschaftswahlen 2008 im Visier; sie plädieren dafür, gemeinsam mit anderen westlichen Staaten alternative politische Gruppierungen in der Russischen Föderation aufzubauen. Parallel dazu soll die russische Regierung gezwungen werden, die Handels- und Investitionsbestimmungen zu liberalisieren; außerdem wird von ihr eine Zusage erwartet, daß die halbstaatlichen Energiekonzerne reine Geschäftspolitik machen und sich nicht länger als Instrumente der Regierung einsetzen lassen.

Schließlich spricht die Studie die Empfehlung aus, denjenigen Staaten an der Peripherie Rußlands, die aus dem russischen Einflußbereich ausbrechen wollen, tatkräftige Unterstützung einschließlich Sicherheitsgarantien zu gewähren.

Die antirussische Propaganda wurde intensiviert, als das US-Außenministerium seinen jüngsten »Menschenrechtsreport« vorstellte und darin Rußland wiederum wegen seines »Demokratiedefizits« und schwerer Menschenrechtsverletzungen in Tschetschenien angriff. Das russische Außenministerium wies die Anschuldigungen entschieden zurück, es warf den USA »doppelte Standards« in der Frage der

Feindbilder

In der neuesten Version der sogenannten Nationalen Sicherheitsstrategie vom März 2006 erhebt die Bush-Regierung schwere Vorwürfe gegen Rußland. Das Land, »das die Bush-Regierung 2003 noch ›mitten in einer hoffnungsvollen Transformation‹ sah, wird in dem neuen Papier scharf kritisiert. ›Jüngere Trends deuten bedauerlicherweise auf ein schwindendes Engagement für demokratische Freiheiten und Institutionen hin‹, heißt es. ›Bemühungen, demokratische Entwicklungen zu Hause und im Ausland zu verhindern, hemmten die Beziehungen Rußlands zu den USA und Europas‹. Die chinesische Führung wird für ihre Wirtschaftsreformen ausdrücklich gelobt. Kritisiert wird aber die Rohstoffpolitik Pekings. Konkret wird China vorgeworfen, Bündnisse mit rohstoffreichen Ländern zu suchen, ohne Rücksicht auf deren sonstige Politik. Zudem versuche Peking, Energievorräte rund um die Welt für China alleine zu sichern.«

Olaf Gersemann, ›Washington bekräftigt Präventivstrategie‹, *FTD*, 17. März 2006

Menschenrechte vor und verwies auf Menschenrechtsverletzungen in den USA, im Irak und Afghanistan.

Offenbar spricht Washington Moskau das Recht ab, eigenständige Interessenpolitik zu betreiben. Zugleich nehmen sich die USA auch hier das Recht heraus, über einen anderen souveränen Staat zu befinden und sich in dessen innenpolitische Vorgänge einzumischen. Unterschwellig geht es wohl um handfeste Wirtschaftsinteressen, wenn auf den demokratischen Aufbruch unter Jelzin verwiesen wird, wo ein Gangsterkapitalismus fröhliche Urstände feierte, oder wenn die staatliche Kontrolle der Energiekonzerne moniert wird. Daß ein in den neunziger Jahren systematisch heruntergewirtschaftetes Land nun einen wirtschaftlichen Neuanfang startet und dabei seinen Ressourcenreichtum nutzt, was auch heißt, daß der Staat nun den volkswirtschaftlichen Schlüsselsektor kontrolliert, gilt der US-Regierung als verwerflich.

Die russische Regierung bezog Position mit einem Beitrag ihres Verteidigungsministers im Organ des US-Establishments:

»Rußland muß stark sein«, so die Überschrift eines Beitrages des russischen Verteidigungsministers Sergei Iwanow im *Wall Street Journal* vom 11. Januar 2006. Die nationale Sicherheit sei für ein Land mit so reichen Ressourcen unerläßlich. »Unsere Militärstrategie besteht deshalb darin, die Fähigkeit zu entwickeln, auf äußere, innere und grenzübergreifende Herausforderungen des 21. Jahrhunderts zu antworten«. Interessant ist es, wenn der Minister weiterhin feststellt, daß sein Land »für die Möglichkeit eines gewaltsamen Anschlages auf die verfassungsmäßige Ordnung in einigen post-sowjetischen Staaten und Grenzunsicherheiten, die daraus entstehen könnten«, bereit sein muß. Damit steckt er die Einflußsphäre Rußlands ab, die sich offenbar vom Schwarzen Meer bis nach Kirgisien erstrecken soll. Nach russischer Auffassung sind eigene Einflußnahmen auf politische Prozesse in den Ländern dieser Einflußzone gerechtfertigt: »Unser Hauptaugenmerk liegt auf der internen Lage in einigen Mitgliedsstaaten der Gemeinschaft der Unabhängigen Staaten und deren Umfeld«.

Die Botschaft hat einen Adressaten – die Vereinigten Staaten. Rußland ist offenbar nicht mehr gewillt, den strategischen und militärischen Vormarsch der USA in seinem Weichbild hinzunehmen.

Ölmacht Rußland. Die niedrigen Öl- und Gaspreise der neunziger Jahre werden nicht mehr wiederkommen. Die stabile Verfügbarkeit von und der verläßliche Zugang zu den Energieressourcen ist zum zentralen Anliegen der Politik geworden. Der Vorstoß der Vereinigten Staaten, sich die Kontrolle über die Vorkommen im Nahen Osten zu verschaffen, hat das genaue Gegenteil bewirkt: der Nahe Osten ist so instabil wie seit langem nicht mehr, und eine Wende scheint nahezu ausgeschlossen, solange die USA ihren politischen Kurs unbeirrt fortsetzen und Israel sich auf eine noch radikalere Linie als in der

Energiepolitik der russischen Regierung

Um die Ressourcen des Landes strategisch einzusetzen, hat die Regierung Putin in den vergangenen Jahren die Rohstoffindustrie wieder gezielt unter ihre Kontrolle gebracht. Gazprom, ein ehemaliges Sowjetministerium, ist zu 51 Prozent in staatlicher Hand, an der Spitze des Konzerns stehen Vertraute des russischen Präsidenten. Bei der Ölindustrie ist die staatliche Einflußnahme schwieriger, da sich während der Privatisierung der 90er Jahre private Unternehmen in die Branche eingekauft hatten. Aber auch dort gibt es Fortschritte: Anfang 2005 wurde die größte Fördertochter des Ölkonzerns Yukos an Rosneft übertragen, ein staatliches Unternehmen. Im September 2005 übernahm Gazprom die Aktienmehrheit an Sibneft, dem nach Umsatz fünftgrößten Ölkonzern Rußlands. Die zwei wichtigsten privaten Akteure im russischen Energiesektor sind aus dem Spiel: Ex-Yukos-Chef Michail Chodorkowskij sitzt im Gefängnis, der einstige Sibneft-Eigner Roman Abramowitsch kümmert sich jetzt um den englischen Fußballverein FC Chelsea.

Niedrige Gas- und Ölpreise auf dem Binnenmarkt fördern die Industrie und halten die laufenden Ausgaben der privaten Haushalte niedrig. Vor diesem Hintergrund ist es wichtig, die Exportpreise flexibel zu handhaben. Mit einem fein abgestimmten Tarifsystem werden westeuropäische Abnehmer und einstige Sowjetrepubliken bedient. (FTD, 3. Januar 2006)

Ära Sharon festlegt. Die großen Ölvorkommen im Irak können gegenwärtig nicht voll ausgeschöpft werden. Soll dort eine Befriedung erfolgen, ist dies nur mit maßgeblicher Beteiligung der schiitischen Gruppierungen möglich. Das bedeutet mit großer Wahrscheinlichkeit eine iranfreundliche Politik. Da der Iran im Fadenkreuz der Vereinigten Staaten steht, ist die Ölpolitik dieses wichtigen Produzenten unsicher. Das betrifft ebenso die Pipeline-Netzwerke am Kaspischen Meer und in Zentralasien, durch die auch iranisches Öl und Gas strömen. Bei Energiegeschäften arbeiten Rußland und der Iran eng zusammen; es ist nicht anzunehmen, daß sie sich leicht auseinander dividieren lassen. Unter den führenden Energieproduzenten ist Rußland derzeit die einzige sichere Bezugsquelle. Gegenwärtig stammen 16 Prozent der weltweiten Gaslieferungen aus Rußland, das schätzungsweise ein Viertel der Gasreserven beherbergt: Westeuropas Gasbedarf wird zu rund 25 Prozent von Rußland gedeckt.

In der Ära Putin ist es dem Staat gelungen, die vorher herrschenden kleptokratischen Zustände weitgehend zu bereinigen, den Rohstoffbereich als Kern der postsowjetischen Neuausrichtung unter nationale Kontrolle zu bringen und dem Interesse ausländischer, vor allem US-amerikanischer Ölkonzerne am russischen Ressourcenreichtum Zügel anzulegen. Der russische Staat hält bei den großen Öl- und Gaskonzernen 51 Prozent der Kapitalanteile; die restlichen 49 Prozent sind unter verschiedene westliche Konsortien aufgeteilt. Mit diesem Arrangement sichert sich die Regierung die Kontrolle über den wirtschaftlichen Schlüsselbereich und bietet gleichzeitig westlichen Konzernen die Chance, am russischen Energiegeschäft kräftig zu verdienen.

Strategische Abkommen mit anderen Produzentenländern haben die russische Position am Weltmarkt gefestigt. Der russischen Regierung gelang es, sich eine dauerhaft starke Stellung, teilweise mit Monopolcharakter, bei Gaslieferungen nach Ost- und Westeuropa zu verschaffen. Ferner hat Rußland starken Einfluß bei den Öl- und Gasexporten der Staaten Zentralasiens zurückgewonnen, was auch deshalb leicht fiel, weil der von den Vereinigten Staaten über Nichtregierungsorganisationen propagierte Regimewechsel – die sogenannte Farbenrevolution – die dortigen Machteliten wieder in die Arme Moskaus trieb.

Rußland ist bei der zentralen Ressource Energie zum ›global player‹ aufgestiegen, was ihm über den rein ökonomischen Effekt hinaus politisches Gewicht in Aussicht stellt. Auf militärischem Gebiet kann Rußland mit den Vereinigten Staaten nicht mithalten; in dieser Hinsicht fehlen ihm die Grundlagen selbst für eine regionale Hegemonie. Die Rolle des sogenannten ›security providers‹ bleibt den USA vorbehalten, aber als ›energy provider‹ ist Rußland nahezu unersetzbar. Auf längere Sicht aus einer defensiven Position heraus zu handeln, war charakteristisch früher für die sowjetische und ist es heute für die russische Machtpolitik. Demgegenüber ist die politische Kultur der Vereinigten Staaten auf Kurzfristigkeit angelegt, genau so wie bei Unternehmen, die jedes Quartal ihre Betriebsergebnisse vorlegen müssen. Das hat den Vorteil einer Orientierung am schnellstmöglichen Erfolg, birgt aber große Gefahren, wenn es um längerfristige Entwicklungen geht. Der Konflikt mit der Ukraine um die Gaslieferungen erhellt die russische Vorgehensweise, durch Geduld und Entschlossenheit eine ungünstige strategische Entwicklung zu wenden.

Betrachtet man die US-Außenpolitik gegenüber Rußland während der letzten fünfzehn Jahre in ihrer Gesamtheit, so findet man eine auffällige Konstante. Unabhängig vom Auf und Ab der bilateralen Beziehungen, die zeitweise entspannt, zeitweise gespannt waren, haben die USA systematisch daran gearbeitet, diesen Nachfolgestaat der Sowjetunion in seinem Einfluß einzudämmen. Nachdem die Sowjetunion über vier Jahrzehnte lang das wichtigste Hindernis für die uneingeschränkte Weltherrschaft des US-Imperialismus gebildet hatte, soll nun unter allen Umständen verhindert werden, daß Rußland jemals wieder eine auch nur annähernd ähnliche Rolle in der Weltpolitik spielen kann:

- 1991 untergrub der erste Irakkrieg weitgehend den Einfluß Moskaus im Nahen Osten.
- Dasselbe leistete der Jugoslawienkrieg 1999 auf dem Balkan. Durch den putschartigen Umsturz in Belgrad, der im Oktober 2000 Slobodan Milosevic aus seinem Amt und pro-westliche Kräfte an die Macht brachte, wurde die Isolierung Rußlands in Südosteuropa und auf dem Balkan noch ausgebaut.
- 2001 errichteten die USA im Rahmen des Afghanistankriegs erstmals Militärbasen in ehemaligen Sowjetrepubliken und richteten sich in Zentralasien ein.

- Etwas später verhalfen die USA in Georgien einem rabiat prowestlichen und anti-russischen Regime an die Macht.
- In Europa sind mittlerweile die meisten Mitglieder des früheren Warschauer Pakts, einschließlich der ehemaligen baltischen Sowjetrepubliken, der Nato und der EU beigetreten. Wechselt nun auch noch die Ukraine definitiv ins westliche Lager und tritt ebenfalls der NATO und EU bei, wäre Rußland weitgehend isoliert. Dann bliebe nur noch Weißrußland, und dieser Staat gilt als heißester Anwärter auf die nächste US-gesponserter Farben-, Blumen- oder sonstige ›Revolution‹.

Für Rußland ist die Ukraine das wichtigste Transitland für seine Öl- und Gasexporte. Die großen Pipelines, die seit den siebziger Jahren zwischen den sowjetischen Öl- und Gasfeldern und Westeuropa gebaut wurden, führen über ukrainisches Territorium. Die USA und die Europäische Union ihrerseits bemühen sich seit langem, eine Transportroute für das Öl aus dem Kaspischen Raum zu errichten, die an Rußland vorbeiführt, und wollen dazu auch die Ukraine nutzen.

US-Politikberater sind der Ansicht, daß ein Lagerwechsel der Ukraine Moskau nicht nur außenpolitisch schwächen, sondern sogar »Rußlands politische, ökonomische und militärische Überlebensfähigkeit«. (Stratfor.com, »Russia: After Ukraine«, 10. Dezember 2004) in Frage stellen würde.

Die Präsidentschaftswahlen 2004 boten die Gelegenheit, das alte Regime in Mißkredit zu bringen und mit Wiktor Juschtschenko einen den USA wohlgesonnenen Politiker ins Amt zu bringen. Die von westlichen Medien hierauf gemünzte Bezeichnung »orange Revolution« entpuppte sich als eine äußerst geschickte Marketing-Strategie. Daß keines der drängenden sozialen und wirtschaftlichen Probleme auch nur annähernd einer Lösung näher gebracht wurde, ist dabei für die ›Demokratisierer‹ aus dem Westen weniger wichtig als ihre feste Absicht, die Ukraine in die NATO einzubinden und eine EU-Mitgliedschaft zuwege zu bringen.

Für Rußland war diese Entwicklung alarmierend, auch wenn die neuen Machthaber, wie sich bald herausstellte, über keine solide soziale Basis verfügten. Anlaß für die russische Gegenoffensive bildete der Konflikt um Gaspreise. 80 Prozent der russischen Gas- und Ölexporte nach Europa, der wichtigste Devisenbringer, fließen durch ukrainische Pipelines. Offensichtlich glaubte die ukrainische Regierung deshalb, eine günstige Verhandlungsposition zu haben. Das Konfliktmanagement scheiterte jedoch kläglich, als Rußland sämtliche Gaslieferungen stoppte. Am Ende ging Rußland als klarer Sieger aus dem Konflikt hervor. Bis dahin hatte die Ukraine Transitgebühren für Gaslieferungen nach Europa in Form von Gasdeputaten erhalten. Das hatte dazu geführt, daß von den zuständigen ukrainischen Stellen Gas oft nach Belieben abgezweigt wurde mit der Begründung, es handele sich dabei um Kompensationsleistungen. Nach dem nun Anfang 2006 geschlossenen Vertrag bezahlt Rußland Transitgebühren in Geldform; willkürliche Abzweigungen werden damit strafbar. Die Ukraine erhält allerdings das Recht eingeräumt, billigeres Gas aus Kasachstan bzw. Turkmenistan zu beziehen.

Rußland hat von einer ungünstigen Ausgangslage aus seine Position gegenüber der Ukraine verbessert; das kasachisch-turkmenische Gas fließt durch russische Pipelines; die ukrainische Handelsgesellschaft wird mehrheitlich vom russischen Konzern Gazprom beherrscht. Ferner liefert Rußland nun weniger eigenes Gas an die Ukraine, so daß die Menge, die für den lukrativen Export nach Westeuropa bereitsteht, erhöht wird.

Noch bedeutsamer sind die politischen Signale: Rußland hat unzweideutig gezeigt, daß es nicht gewillt ist, strategische Niederlagen ohne weiteres hinzunehmen. Die russische Regierung demonstrierte Entschlossenheit, ihre stärkste ökonomische Waffe, Öl und Gas, auch für politische Ziele einzusetzen, und das sehr erfolgreich. Unmittelbar nach dem Vertrag mit der Ukraine ließ Moskau die Regierung Bulgariens wissen, daß es den bilateralen Gasvertrag zu ändern beabsichtige. Der Balkanstaat ist zu einhundert Prozent auf russisches Gas angewiesen, hat aber den Wunsch geäußert, auf seinem Territorium US-Militärstützpunkte zu beherbergen. Dafür erhält er nun die Quittung, denn die russische Seite fordert neben höheren Gaspreisen auch die Kontrolle über das bulgarische Gassystem.

NATO auf neuerlichem Erweiterungskurs

»Am 29. März 2004 traten sieben ost- und südosteuropäische Länder der Nato bei. Zusammen mit der Erweiterung um Polen, Tschechien und Ungarn im April 1999 entstammen nun zehn von 26 Nato-Mitgliedern dem ehemaligen Machtbereich der Sowjetunion. Nach diesem bislang größten Erweiterungsschritt in der Geschichte des Bündnisses bestand in den europäischen Nato-Hauptstädten keine übermäßige Eile, eine weitere Aufnahmerunde einzuleiten. Zwar warten mit Albanien, Mazedonien und Kroatien noch drei Länder als offizielle Beitrittskandidaten auf die Mitgliedschaft im Bündnis, doch wurde der Zeitpunkt einer Aufnahme bisher noch nicht thematisiert. [...]

Seit einigen Monaten prescht nun die Regierung der USA in der Erweiterungsfrage voran, ohne sich mit den Nato-Partnern abgestimmt zu haben. Dabei geht es nicht um die drei Kandidaten in der Warteschleife, sondern um die mögliche Mitgliedschaft Georgiens und insbesondere der Ukraine. Washington plädiert vehement für deren Aufnahme in die Nato und ruft damit erhebliche Skepsis im Bündnis hervor. Aus amerikanischer Sicht ist die Unterstützung beider Länder nachvollziehbar. Beide Länder sind von besonderer strategischer Bedeutung – die Ukraine aufgrund ihrer Größe und Georgien aufgrund seiner geographischen Lage in der Kaukasusregion. Beide hatten eine Demokratisierungsbewegung und spiegeln damit die Freiheitsrhetorik des amerikanischen Präsidenten wieder. Auch haben beide Länder nach dem jeweiligen Regierungswechsel eine pro-amerikanische Politik verfolgt (Georgien bereitete Präsident Bush bei dessen Besuch im Mai 2005 einen triumphalen Empfang). [...]

Unter dem Schlagwort »Global Partnership« drängt Washington darauf, weltweite Partnerschaften aufzubauen. Zwar hat es immer schon lockere Kontakte der Nato zu Ländern weit jenseits der Peripherie Europas gegeben – Konsultationen wurden etwa mit Japan, Argentinien oder China geführt. Nach US-amerikanischen Vorstellungen sollen nun auch intensive Partnerschaften mit Ländern wie Neuseeland, Australien, Südkorea oder Singapur aufgebaut werden. Selbst Pakistan wird von US-Regierungsmitgliedern als möglicher enger Kooperationspartner der Nato genannt. Dahinter steht eine zweifache Absicht. Zum einen soll die Nato durch internationale Partnerschaften noch stärker als Element der amerikanischen Globalstrategie mit Blick auf den Kampf gegen den weltweiten Terrorismus genutzt werden. Zum anderen soll ein regionales und überregionales Netzwerk der Unterstützung für Nato-Militäreinsätze geschaffen werden.«

Quelle: Karl-Heinz Kamp, ›Wer darf aufs Nato-Familienfoto?‹, *FR*, 21. März 2006

Gegenüber Rumänien, in gleicher Abhängigkeit wie das Nachbarland und ebenfalls um US-Basen bemüht, zeichnet sich eine ähnliche Positionierung ab. Die US-Klientenregimes können eine Lehre aus dem Fall Ukraine ziehen – die Unterstützung der USA bzw. der Europäischen Union ist begrenzt, nicht grenzenlos.

Eine ähnliche Druckmöglichkeit hat Rußland gegenüber Weißrußland und den baltischen Staaten. Wie die Ukraine erfahren sie jetzt, daß das neue Rußland kein schwacher Staat mehr ist.

Für die Weltwirtschaft ist bedeutsam, daß Rußland zwar hart verhandelt, um seine Interessen durchzusetzen, was verständlich und üblich ist, andererseits aber ein verläßlicher Lieferant bleibt. Die russische Regierung macht unmißverständlich klar, daß ein schwaches, durch und durch korruptes und beliebig erpreßbares Rußland, wie zu Jelzins Zeiten, der Vergangenheit angehört. Die politische Führung macht Washington deutlich, daß ein US-amerikanisches

Hantieren im nahen Umfeld wie in der Ukraine und in Georgien nicht mehr ohne weiteres toleriert wird. Dazu paßt auch ein Gesetz, das die Tätigkeitsfelder von Nichtregierungsorganisationen begrenzt, was die Aussichten auf »regime change« in Rußland selbst erheblich eintrübt. Wenn die deutsche Bundeskanzlerin anläßlich ihres Antrittsbesuches beim russischen Präsidenten mit Vertretern der NGOs sprach, war dies diplomatisch ungeschickt, aber bemerkenswert, was die Grundeinstellung gegenüber Rußland betrifft. An die Adresse der EU sandte Moskau eine eindeutige Botschaft: Gesicherter Zugang zu lebenswichtigen Ressourcen hat seinen Preis, nämlich die Anerkennung vitaler Interessen Rußlands, also Abkehr von der Politik der Einkreisung Rußlands und von einer Ausdehnung der NATO. Die EU-Staaten haben auf absehbare Zeit keine stabile Alternativen zu russischem Öl und Gas.

Die Sicherheitslage im Nahen Osten hat sich dramatisch verschlechtert dank der aggressiven anglo-amerikanischen Interventionspolitik, das ölreiche Zentralasien wendet sich Rußland und China zu. Schließlich sitzen sowohl die Vereinigten Staaten als auch Großbritannien auf einer ›bubble economy‹, die angesichts der immensen Verschuldung jederzeit platzen kann, so daß von dieser Seite aus kaum ernsthafter Wirtschaftsdruck auf Rußland ausgeübt werden dürfte. In einem Konfliktfall wäre Europa angesichts seiner Abhängigkeit von Energieimporten gezwungen, gegenüber Rußland einzulenken.

Westliche Denkfabriken, der offiziellen Regierungspolitik vorgeschaltet, argumentieren, daß die Osterweiterung der EU Rußland veranlaßt habe, auf die hierdurch entstandenen wirtschaftlichen Einbußen zu reagieren und vornehmlich Öl und Gas als politische Waffen einzusetzen. Das aber verstoße gegen den Geist des freien Welthandels, wird beklagt. Daß die USA und die EU beispielsweise ihre Agrarmärkte für Länder der Dritten Welt abschotten, wird gewissenhaft übersehen. Da das heutige Rußland – wenn überhaupt – als eine vordemokratische Gesellschaft eingeschätzt wird, verwundere seine ablehnende Haltung auf die Ausdehnung von Demokratie in Osteuropa und in der Ukraine nicht. Daher sei es geboten, daß die USA ihre dortige Militärpräsenz ausbaue. Diese Begründungen sollen auf künftige Entwicklungen einstimmen: Washington fördert tatkräftig die Gründung der »Gemeinschaft Demokratische Wahl‹, ein regionales Bündnis der westlich orientierten postsowjetischen Staaten Ukraine, Georgien, den baltischen Ländern sowie Rumänien und Bulgarien. Damit soll das Feld für eine dritte NATO-Osterweiterung geebnet werden.

Weniger erfolgreich war die Machtausdehnung der USA bisher in Zentralasien. Eine Art von ›roll-back‹ – in aggressiverer Variante im Kalten Krieg kennzeichnend für die US-amerikanische Politik – wird von Rußland heute in Zentralasien praktiziert; vorrangiges Ziel hierbei ist es, die früheren Sowjetrepubliken auf eine gemeinsame Energiepolitik einzuschwören.

Das neue Rußland in Zentralasien. Die geologische Formation um das Kaspische Becken soll nach Expertenschätzungen bis zu 100 Milliarden Tonnen Ölreserven und knapp 50 Prozent der Welterdgasreserven bergen. Seit 1994 hatten Konsortien der westlichen Ölkonzerne, flankiert von der Clinton-Regierung, begonnen, in Zentralasien aktiv zu werden. Die Geographie Zentralasiens bildet ein großes Hindernis: Die Region verfügt über keinen unmittelbaren Zugang zu einem Weltmeer. Der Transport der fossilen Energie ist auf eine Passage durch Drittländer angewiesen – Rußland, Iran und Afghanistan. Andere Trassenführungen sind aus finanziellen oder technischen Gründen kaum realistisch. Unter wirtschaftlichen Aspekten spricht alles für Pipelines durch den Iran, was die Vereinigten Staaten jedoch verhinderten. Transportwege über Rußland widerstreben den westlichen Konzernen aus Gewinngründen und passen auch nicht ins strategische Konzept der Vereinigten Staaten. Afghanistan wäre also die beste Lösung unter den gegebenen Umständen.

Die Entschlossenheit auf US-amerikanischer Seite, in Zentralasien Land zu gewinnen, zeigte sich an dem Programm der militärischen Zusammenarbeit mit den Staaten der Region über die »Partnerschaft für Frieden« (PfP). Im Januar 1994 legte die NATO dieses Programm auf. Binnen Jahresfrist hatten sämtliche Staaten der Region mit Ausnahme von Tadschikistan den Vertrag unterzeichnet. Das PfP-Programm beinhaltet gemeinsame Militärplanungen und die Durchführung von Übungen und Manövern. Seit dem Afghanistankrieg 2001 verfügten die USA in mehreren Staaten Zentralasiens über Militärstützpunkte; es schien zeitweilig, daß Rußland seine Vormachtstellung hier eingebüßt habe und das aufstrebende China in die Schranken verwiesen sei. Das Blatt hat sich allerdings gewendet.

Auf ihrem Gipfeltreffen am 25. Januar 2006 in St. Petersburg nahm die Gruppe der EWG-Staaten Usbekistan als neues Mitglied auf. Die EWG – Eurasische Wirtschaftsgemeinschaft – wird gebildet von Rußland, Weißrußland, Kasachstan, Kirgisien und Tadschikistan. Die Stärkung dieser Wirtschaftsgemeinschaft, vor nicht allzu langer Zeit als Bündnis der Verlierer im Prozeß der weltwirtschaftlichen Ausrichtung der früheren Sowjetunion abgetan, kommt nicht von ungefähr. Die vom Westen, und hier maßgeblich von den Vereinigten Staaten inszenierten, sogenannten Farbenrevolutionen haben die alten, meist noch unter der Sowjetunion installierten lokalen Eliten aufgeschreckt, andererseits aber zu weiterer Destabilisierung oder Verschlechterung der sozialen Lage geführt, siehe Ukraine und Georgien. Der Fall Kirgisien Mitte 2005 zeigte bereits die Grenzen des ›regime change‹ auf: Der neue Staatspräsident Bakijew hat weniger Vollmachten als sein Amtsvorgänger und das nun mit mehr Machtmitteln ausgestattete Parlament wird von den alten Kräften beherrscht. Die kirgisische Elite hatte es verstanden, den Unmut der Bevölkerung über die materielle Misere auf einige wenige Personen an der Spitze des Staates zu bündeln, diese zum Rücktritt zu zwingen und im Prozeß der Besänftigung die eigene Macht zu festigen. Unter diesen Bedingungen sah sich der neue Mann an der Spitze veranlaßt, die Beziehungen zu Rußland aufzufrischen. Der bisherige ›Darling Washingtons‹ fiel dort rasch in Ungnade, zumal er die Zusammenarbeit mit Moskau ausbaute, das umfangreiche Investitionen bei Infrastruktur und Industrie zusagte und im Gegenzug eine Wiederaufnahme der militärischen Kooperation forderte. Die westlichen ›Demokratisierer‹ sind nun dabei, an einem neuen Kandidaten zu basteln und eine außerparlamentarische Opposition aufzubauen. Solche Vorgänge geben US-freundlichen Regierungen in der Region zu denken.

Bei den US-inszenierten Pseudorevolutionen werden Randfiguren des Establishments in den Vordergrund geschoben, die, nachdem auf die Euphorie der großen Versprechungen wieder die soziale Kälte der alten Verhältnisse folgt, von einer schmalen sozialen Basis aus agieren. Wie der Fall der Ukraine verdeutlicht, fehlt es den US-amerikanischen Managern des Wandels an Mitteln, Fähigkeiten und Interesse, durchgreifende Reformen zum Nutzen der Bevölkerung einzuleiten; ihnen geht es darum, die Ressourcen des Landes den US-Wirtschaftsinteressen zu öffnen.

Andererseits haben alte Eliten die Chancen genutzt, die sich ihnen nach dem Zusammenbruch der Sowjetunion boten. Das bedeutet in den meisten Fällen, daß sich die frühere Nomenklatura zur Wirtschaftselite mauserte und ihre soziale Basis dadurch verbreiterte, daß ehemals von russischen Fachkräften ausgeübte Leitungsfunktionen nun von Einheimischen wahrgenommen werden. Mit dem aus sowjetischen Zeiten übernommenen Überwachungsapparat können so einigermaßen stabile Verhältnisse hergestellt werden.

Wohl um weitere Risiken auszuschließen, wird in Zentralasien die Wiederannäherung an das wiedererstarkte Rußland gesucht, das seinerseits Interesse an stabilen Verhältnissen an seinen asiatischen Grenzen hat, was die Unterstützung der dort herrschenden Gruppen einschließt, deren wirtschaftliches Rückgrat die Öl- und Gasvorkommen bilden.

➲ Usbekistan, nach Rußland und Turkmenistan der weltweit drittgrößte Gasproduzent, ist 2002 eine strategische Partnerschaft mit dem russischen Konzern Gazprom eingegangen; nahezu ein Viertel der usbekischen Förderung wird an Rußland geliefert; die weitere Erschließung der Rohstoffquellen wird maßgeblich aus Finanzmitteln von Gazprom bestritten. Wie in der Branche üblich existiert auch hier ein sogenanntes ›production-sharing-agreement‹ mit der örtlichen Kapitalgesellschaft Uzbekneftegaz. Der Vorstandsvorsitzende von Gazprom legte im Anschluß an den EWG-Gipfel die Ziele seines Unternehmens offen: »Wir streben an, daß das in Usbekistan geförderte Gas zukünftig ausschließlich von

Gazprom exportiert wird«. Eine ähnlich starke Position hat sich die russische Energieindustrie auch in Turkmenistan geschaffen.

- Turkmenistan unterstützt wie die anderen Produzentenländer der Region die Energiepolitik Rußlands, nämlich eine stabile Gasversorgung besonders für den Hauptabnehmer Westeuropa zu garantieren. Das bedeutet aber keineswegs eine bedingungslose Unterordnung. Vielmehr ist Turkmenistan wie auch Kasachstan bestrebt, auch mit China ins Geschäft zu kommen und damit ein Gegengewicht zu Rußland zu schaffen, auch im Hinblick auf die Preispolitik. Dies ist das übliche Geschäftsgebaren und schließt deshalb eine Kooperation keineswegs aus.
- Anders verhält es sich mit Kirgisien, dem bislang letzten Versuchsfall einer US-Farbenrevolution. Anfang 2006 schloß die kirgisische Regierung einen Vertrag mit Gazprom, der die gemeinsame Erschließung der neuen, vermutlich sehr großen Öl- und Gasfelder und die Modernisierung der bestehenden Anlagen beinhaltet. Der russische Konzern wird dafür rund 300 Millionen Euro investieren. Gegen teures Geld hat Kirgisien 2006 den USA die weitere Nutzung ihres dortigen Luftwaffenstützpunktes erlaubt, aber offenbar strebt das gewandelte Kirgisien den Schulterschluß mit Rußland an gegen die Interessen der selbsternannten Patronatsmacht USA. Man kann diese Entwicklung durchaus als eine politische Niederlage Washingtons werten.
- Beim Bemühen um Alternativen zur Rußland-Connection ist Kasachstan bislang am weitesten vorangekommen. Ein Vertrag mit China vom Dezember 2005 sieht den Bau und gemeinsamen Betrieb einer Öl-Pipeline vor, durch die Rohöl über 1.000 Kilometer nach China gepumpt werden soll. Die aus Wirtschaftlichkeitsgründen angestrebte Jahreskapazität von rund 20 Millionen Tonnen kann aber nur erreicht werden, wenn zusätzlich russisches Öl aus den westsibirischen Ölfeldern eingespeist wird. Daher ist eine entsprechende Stichleitung zur Pipeline Omsk-Schymkent geplant. Kasachstan fördert gegenwärtig 1,3 Millionen Barrel täglich; die Ölvorkommen werden auf 40 Milliarden Barrel geschätzt, etwa zwei Drittel der vermuteten Vorkommen am Kaspi-

schen Meer. Die politische Führung des Landes hat es verstanden, am Rohstoffreichtum verschiedene Kunden zu beteiligen, neben Rußland und China auch die EU, die mittlerweile der zweitgrößte Handelspartner nach Rußland geworden ist. Außerdem zählt Kasachstan mit Australien und Kanada zu den führenden Produzenten von Uran. Im Dezember 2005 wurde ein joint-venture mit Japan vereinbart, das die Vervierfachung der Uranförderung bis zum Jahr 2010 vorsieht. Damit würde Kasachstan zum mit weitem Abstand größten Produzenten weltweit aufsteigen.

Aus US-amerikanischer Sicht hat Kasachstan an Bedeutung gewonnen, nachdem Usbekistan im November 2005 den USA die weitere Nutzung der Lufwaffenstützpunkte untersagte. Anlaß war die US-Kritik an der Unterdrückung eines lokalen Aufstandes im Mai des gleichen Jahres. Der kasachischen Führung muß eine geschickte Pendeldiplomatie bescheinigt werden. Ohne die engen Verbindungen zu Rußland und inzwischen auch China in Frage zu stellen, bemüht sich die Führungsriege um gute Beziehungen mit Washington. Die Gewährung von Stützpunktrechten unmittelbar nach dem 11. September war eine solche Geste. Staatspräsident Nazarbajew gilt seitdem als überzeugter Gegner des islamischen Fundamentalismus und für die US-Außenministerin »als Reformer und Agent des Wandels«, dem eine »regionale Führerrolle« zustehe. Diese Bemerkungen fielen zeitlich zusammen mit den Präsidentschaftswahlen im Dezember 2005, die nach Aussagen von Wahlbeobachtern der OSZE alles andere als demokratisch abliefen.

China im Aufstieg

China ist die aufsteigende Weltmacht, die erst dabei ist, ihr wirtschaftliches und militärisches Potential in vollem Umfang zu nutzen. Vor dem »11. September«, wurde die Volksrepublik in den Machtzirkeln Washingtons als die zukünftig größte Bedrohung der Vereinigten Staaten gewertet. Zwischenzeitlich wurde aus der »strategischen

Konkurrenz«, wie die US-Regierung ihre Chinapolitik klassifizierte, eine »strategische Partnerschaft« im gemeinsamen Kampf gegen den internationalen Terrorismus. Dies hat sich jedoch wieder geändert. So identifiziert das US-Militär in seinem jüngsten Strategiepapier China als die größte Herausforderung: »China hat das größte Potential, mit den Vereinigten Staaten militärisch in den Wettbewerb zu treten«, heißt es in der Studie. (FTD, 6. Februar 2006).

Die Machthaber in Peking sehen ihr Land offenbar als das regionale Machtzentrum in Ost- und Südostasien, zugleich als gewichtigen Faktor in Südasien, gemeinsam mit Indien, und in Zentralasien, gemeinsam mit Rußland. Dies heißt, daß der Einfluß der Vereinigten Staaten zurückgedrängt werden soll, was u.a. die Wiedereingliederung Taiwans bedeutet ebenso wie Druck auf eine Lockerung der Bande, die die USA mit Japan und Südkorea geknüpft haben. Mit anderen Worten: In der Perspektive liegt eine Verschiebung der Machtbalance zugunsten Chinas. Dieses Szenario wird auf US-amerikanischer Seite als massive Gefahr eingeschätzt; die Nationale Sicherheitsstrategie Washingtons geht von einem Zeitraum von nicht mehr als zehn Jahren aus, innerhalb dessen die USA noch eine gute Chance hätten, diese Verschiebung zu vereiteln.

Im Dezember 2004 veröffentlichte die chinesische Regierung das Konzept: »Chinas nationale Verteidigung im Jahr 2004«. Das als white paper kategorisierte Dokument ist halbamtlich, es enthält Grundansichten der Regierung, aber nicht unbedingt politische Handlungsempfehlungen. Es identifiziert die gegenwärtige Weltlage als geprägt von der unipolaren Machtposition der USA. Es bestünden jedoch regionale Machtzentren, wie die französisch-deutsche Achse und China, die eine multipolare Welt anstreben, was die Vorherrschaft der Vereinigten Staaten beeinträchtigen werde. Aus Sicht der politisch Verantwortlichen in Peking entstammt dieses Szenario keinem Wunschdenken; Trends hin zur Multipolarität hätten spätestens seit dem Irakkrieg deutlich Auftrieb erhalten und das Fortschreiten der wirtschaftlichen Globalisierung unterstütze diese Entwicklung noch zusätzlich. Erkennbar sei schon jetzt, daß es keine festen Bindungen mehr gebe, sondern daß je nach Interessenlage die US-Dominanz hingenommen werde oder neue Zweckbündnisse eingegangen würden. Für China böten sich in »einer diversifizierten und interdependenten Welt« gute Chancen, seine Machtansprüche zu verwirklichen.

Die chinesische Regierung betont aber in ihrem Dokument, daß die innergesellschaftliche Entwicklung eindeutigen Vorrang habe: »Als ein großflächiges Entwicklungsland hat China die gewaltige Aufgabe der Modernisierung vor sich«; vor dem Hintergrund des exportabhängigen Wirtschaftswachstums sei Peking auf störungsfreie Beziehungen mit seinen Handelspartnern angewiesen und es sei ihm an einer stabilen weltwirtschaftliche Lage gelegen. Daraus wird das Selbstverständnis, China strebe weder Expansion noch Hegemonie an, plausibel. Es ist zumindest auf absehbare Zeit sicherlich als glaubwürdig anzusehen. Momentan konzentriert sich Peking, sicherlich aus Gründen militärischer Schwäche, aber auch wegen drängender wirtschaftlicher Probleme auf andere Ziele. Die Energieversorgung nimmt hier einen zentralen Platz ein. Mit einem Anteil von 3,9 Prozent an der weltwirtschaftlichen Produktion ist China inzwischen die siebtgrößte Wirtschaftsnation der Welt. Trat das Land noch bis in die 80er Jahre hinein vor allem als Exporteur von Grundstoffen für die Industrie auf, so haben jetzt hochwertige Produkte wie Elektronikgüter einen immer größeren Anteil.

Zudem wird das Land als Importeur immer wichtiger. Seit 1998 wuchsen die chinesischen Einfuhren eineinhalbmal so schnell wie die Ausfuhren, was die Wirtschaft in anderen Teilen der Welt stützt. Davon profitieren nicht nur die asiatischen Nachbarn. Die Krisenländer Lateinamerikas verdanken ihre schnelle Erholung nach den Währungsturbulenzen Ende der 90er Jahre vor allem der rasant wachsenden Nachfrage Chinas nach Öl und anderen Rohstoffen. Die Chinesen sind der weltweit größte Importeur von Kupfer und Stahl.

Da Chinas Boom vor allem von einer regen Investitionstätigkeit gestützt wird, profitiert besonders die deutsche Industrie vom asiatischen Wirtschaftswunder. Die hiesigen Unternehmen sind auf die Herstellung von Investitionsgütern spezialisiert, viele Maschinenbauer sind in ihren Nischen Weltmarktführer.

Energiehunger. China und die asiatischen Schwellenländer sind für den größten Teil des gegenwärtigen Nachfrage-Anstiegs beim Erdöl verantwortlich. Während der weltweite Ölverbrauch im Jahr 2003 um 2,1 % zunahm, legte Chinas Verbrauch in den letzten Jahren jeweils zwischen 15% und 20% zu. Der Verbrauch der USA stieg im vergangenen Jahr um 1,9%, womit der Zuwachs deutlich hinter dem Wirtschaftswachstum zurückblieb. Dies ist schon seit geraumer Zeit der Fall. In Europa ist der Verbrauch tendenziell sogar rückläufig. Verantwortlich für diese Scherenbewegung ist nicht nur die rasante wirtschaftliche Entwicklung Chinas auf der einen sowie der technologische Fortschritt oder das schwache Wirtschaftswachstum in Europa auf der anderen Seite. Vielmehr lagern die westlichen Industrieländer auch zunehmend energieintensive Produktionszweige in die Schwellenstaaten aus.

Es ist evident, daß China bereits heute seine politischen Muskeln spielen läßt, um gesicherten Zugriff auf ›sein‹ Öl zu bekommen. Denn trotz intensiver Explorationen im eigenen Land reichen dessen Vorkommen für eine Selbstversorgung bei weitem nicht mehr aus. Ebenso wie die Vereinigten Staaten wird China Netto-Importeur bleiben. Die gegenwärtig einzige Weltmacht und die kommende Supermacht – so jedenfalls die Expertenmeinung – werden die Ölszene in Zukunft stark beeinflussen, was politische Krisen und Konflikte einschließt.

China ist bestrebt, die Herkunft seiner Öleinfuhren zu diversifizieren. Ein bedeutender Teil kommt aus entfernten Gegenden; der Transport muß bisher bei den Meerengen von Hormus und Malakka durch Nadelöhre geführt werden, die sich dem Schutz durch die chinesische Marine entziehen. Darum sind die Ölquellen im benachbarten Festland, namentlich in Sibirien und in Zentralasien, für Chinas Energiesicherheit besonders attraktiv.

Zu Zeiten der Sowjetunion war Zentralasien unbestritten der Hinterhof Rußlands. Heute fällt ein bedeutender Teil des einst unter Moskauer Souveränität stehenden Grenzraums zu China unter die Obrigkeit der neuen Staaten Kasachstan, Kirgisien und Tadschikistan, wobei China weiterhin seine längste Landesgrenze mit Rußland teilt. Das chinesisch-sowjetische Zerwürfnis, das 1969 zu einem blutigen

Grenzkrieg führte, hatte mehr mit imperialen Reibereien denn mit einem ideologischen Schisma zu tun. Auch heute, nachdem der Grenzstreit beigelegt ist, herrschen vor allem auf russischer Seite Mißtrauen und Furcht. Sowohl in ökonomischer als auch in demographischer Hinsicht muß die chinesische Herausforderung für Moskau auf längere Sicht nachdenklich stimmen.

Immerhin hat Peking in den letzten Jahren sowohl mit Rußland als auch mit den neuen zentralasiatischen Staaten bilaterale Abkommen über die gemeinsamen Grenzen getroffen. Die chinesische Außenpolitik, die in den letzten Jahren viel an Selbstvertrauen und Kompetenz gewonnen hat, verhält sich gegenüber Zentralasien aktiv: Ein Beispiel dafür ist die Gründung der Shanghai Cooperation Organisation (SCO) im Jahr 2001, an welcher neben China und Rußland die zentralasiatischen Republiken Kasachstan, Kirgistan, Tadschikistan und Usbekistan beteiligt sind. Im Mittelpunkt dieses Bündnisses steht die sicherheitspolitische Zusammenarbeit, insbesondere die Koordination im Kampf gegen den Terrorismus. Alle sechs Staaten haben mit islamistischen Extremisten zu kämpfen. Unter der uigurischen Bevölkerung im westlichen Sinkiang, das an die zentralasiatischen Republiken angrenzt, gibt es ein großes Potential von Unzufriedenheit gegenüber dem fernen Peking, das von islamistischen Kräften genutzt werden kann. Sollen Zentralasien als Energiereservoir und Sinkiang als Transitland für Erdöl und Erdgas Chinas Energiesicherheit erhöhen, so ist Peking auf eine Befriedung dieser Region angewiesen. Dies setzt nicht nur voraus, daß Terrorismus und Aufstände unterbunden werden, sondern auch, daß Rivalen, die andere geostrategische Absichten hegen, in Schach gehalten werden.

Im Mai 2005 scheiterte der Versuch des chinesischen Staatsunternehmens China National Offshore Oil Corp. den US-Konzern Unocal, eine der führenden Ölgesellschaften, zu übernehmen. Hieran wird deutlich, daß die Volksrepublik für ihre weitere Entwicklung nach sicheren Ölimporten begehrt, aber auch, daß die US-Regierung nun in Peking einen ernsthaften Rivalen sieht. Tatsächlich ist China bemüht, die Ölbörsen zu unterlaufen, indem es mit Produzentenländern langfristige Lieferverträge abschließt und vor Ort selbst Investitionen tätigt. Bei der Partnerwahl sind die Chinesen alles andere als zurückhaltend.

Die Volksrepublik ist aber vor allem bemüht, den Energiereichtum in der unmittelbaren Nachbarschaft, in Zentralasien, für sich zu nutzen. Auch der Abschluß eines Gaskontraktes mit dem Iran, der bei einer Laufzeit von 25 Jahren Lieferungen im Wert von rund 100 Milliarden US-Dollar beinhaltet, ist in diesem Zusammenhang zu sehen.

Vor der kasachischen Küste liegt im Kaspischen Meer das Ölfeld Kaschagan, das als eine der weltweit größten Lagerstätten gilt. Nach gesicherten geologischen Erkenntnissen ist es größer als das gesamte Vorkommen in der Nordsee. Im Oktober 2005 übernahm der chinesische Staatskonzern CPNC die kasachische PetroKazakhstan zum Preis von über 4 Milliarden US-Dollar. Führende US-Konzerne wie ExxonMobil hatten hierbei das Nachsehen ebenso wie die russische Lukoil.

Dies war gewissermaßen eine Rache für die von Washington verhinderte Übernahme der US-Gesellschaft Unocal. Einige Monate später nahm CNPC die Erdölleitung von den Ölfeldern Kasachstans ins nordwestliche China in Betrieb. Solange die kasachischen Ölquellen nicht ihre höchste Kapazität erreicht haben, soll russisches Öl zugepumpt werden. Die kasachisch-chinesische Leitung ist so konzipiert, daß sie an vorhandene Netzwerke angeschlossen ist. Es entsteht ein von den westlichen Ölgesellschaften unabhängiger Energiekreislauf, der sich einer politischen Einflußnahme durch Washington entzieht.

Als Gegengewicht zu einer intakten, aber dennoch von Abhängigkeit geprägten Beziehung mit Rußland kam so China ins Spiel. Vermutlich kam hierbei auch die Einschätzung zum Tragen, daß China langfristig ein stabilerer Partner sei als Rußland, das zwar seinen Rohstoffreichtum erfolgreich zum ökonomischen Leitsektor gestaltet, ansonsten aber mit der sozialen Katastrophe des kapitalistischen Kahlschlages der neunziger Jahre zu kämpfen hatte, von regionalen Konflikten wie im Kaukasus ganz zu schweigen.

In der Vergangenheit hatte die Volksrepublik lediglich 25 Tausend Barrel Öl pro Tag aus Kasachstan bezogen. Bald werden täglich 1

Million Barrel nach China fließen, was in etwa 15 Prozent des chinesischen Bedarfs entspricht. Gemeinsam mit russischen Firmen wird an diesem Exportkorridor gearbeitet. Damit wird China über eine auch militärisch sichere Importverbindung verfügen, denn die Leitungen liegen außerhalb der Reichweite der US-Flugzeugträger, die bislang im Krisenfall chinesische Ölimporte vom Persischen Golf, aus dem Sudan und anderen afrikanischen Staaten unterbrechen konnten.

Hier besteht auch ein Zusammenhang mit der massiven US-amerikanischen Unterstützung der sogenannten Tulpenrevolution in Kirgisien im Frühjahr 2005. Eine pro-westliche Regierung, die ihr Land möglicherweise der NATO öffnet, könnte die chinesischen Pläne durchkreuzen, denn dann lägen die lebenswichtigen Pipelines wieder im Fadenkreuz der US-Luftwaffe. Das wird aber vorerst durch ein moderates Auftreten der neuen kirgisischen Führung nicht umgesetzt werden. Als eine heftige strategische Niederlage der Vereinigten Staaten muß gewertet werden, daß Usbekistan im Juli 2005 die Schließung der US-Militärbasis in Karshi-Khanabad anordnete.

China konsolidiert seine Energieversorgung aber auch im Sektor Gas: Ende 2004 unterzeichnete die chinesische Staatsfirma Sinopec einen Vertrag mit der iranischen Regierung, der die Lieferung von Flüssiggas beinhaltet; Lieferumfang: 250 Millionen Tonnen; Laufzeit: 30 Jahre; Wert: 70 Milliarden US-Dollar. Ferner sieht der Vertrag eine maßgebliche Beteiligung des chinesischen Unternehmens an der Erschließung des riesigen Gasfeldes von Yadavaran vor, einschließlich der nachgelagerten Verarbeitungsanlagen und Gasleitungen. Im Planungsstadium befindet sich außerdem eine Ölpipeline von den iranischen Feldern zum Kaspischen Meer mit Anschluß an die kasachisch-chinesische Pipeline.

Gegenwärtig stammen 14 Prozent des chinesischen Ölbedarfs aus dem Iran, Tendenz steigend. Der Iran ist für China von energiepolitischer Bedeutung; es ist daher anzunehmen, daß dieses deshalb einen zweiten Fall Irak verhindern will. (Peking hatte dort vor 2003 umfangreiche Investitionen vereinbart und Lieferverträge mit der Regierung Saddam Hussein geschlossen, was durch den Einmarsch der US-Truppen hinfällig wurde.) Die Haltung der chinesischen

Regierung beim Umgang mit Sanktionen und anderen Strafmaßnahmen gegen den Iran macht dies deutlich. Aber Chinas Wirtschaftswachstum hängt wesentlich vom Weltmarkt ab; das erklärt, weshalb die chinesische Diplomatie bislang den westlichen Kurs in der ›Iranfrage‹ hingenommen hat. Das muß jedoch nicht bedeuten, daß einem US-inszenierten Krieg zugestimmt würde, denn in diesem Fall würde es gelten, geostrategische Interessen gegen kurzfristigen wirtschaftlichen Nutzen abzuwägen.

Fast die Hälfte der chinesischen Ölimporte stammt aus dem Nahen Osten; weitere dreißig Prozent werden aus Afrika geliefert. Die Lieferungen werden weitgehend von nicht-chinesischen Transportschiffen abgewickelt; die Schiffsfahrtswege können von der Hochseemarine Chinas nicht kontrolliert werden, da diese nicht über die entsprechenden Kapazitäten verfügt. Fast vier Fünftel der für China bestimmten Öltransporte werden durch die Straße von Malakka geleitet. Das erklärt die energiepolitischen Bemühungen Chinas in Zentralasien.

Kaum Beachtung fand allerdings der Ausbau des Hafens von Gwadar in Pakistan. Dieser Hafen liegt an der Westgrenze Pakistans zum Iran etwa 400 Kilometer von der Mündung des Persischen Golfs in den Indischen Ozean entfernt. Die chinesische Regierung hat hierfür mehr als eine Milliarde US-Dollar investiert.

Der moderne Hafen wird über eine Autobahn mit Pakistans Wirtschaftsmetropole Karatschi verbunden. Für Pakistan birgt das Hafenprojekt wirtschaftlichen Nutzen, neben Zolleinnahmen auch Entwicklungsimpulse für die Provinz Belutschistan. Aber für beide Seiten überwiegen strategische Vorteile:

- Pakistan erhält einen modernen Hafen als Alternative zu Karatschi, das in Reichweite der indischen Streitkräfte liegt. Über diese Metropole werden bislang 90 Prozent des pakistanischen Außenhandels abgewickelt. Während des indisch-pakistanischen Krieges 1971 blockierte die Kriegsmarine Indiens den Hafen, was zu höchst negativen Auswirkungen auf die pakistanische Wirtschaft führte und ein Faktor der Niederlage war. 1999 auf dem Höhepunkt des Kaschmirkonfliktes drohte Neu Delhi eine neuer-

Im konservativen Blickfeld: Die ›Gelbe Gefahr‹

China ist der mit Abstand größte Nutznießer der Globalisierung. Das Land hat in den letzten 30 Jahren alle Erwartungen übertroffen und damit eine Begeisterung geweckt, die harte Realitäten leicht überdeckt, vor allem diese eine: Chinas Erfolg ist in wesentlichen Teilen der finanziellen und technologischen Unterstützung des Westens geschuldet. Die Erkenntnis, daß der große Markt von heute der formidable Wettbewerber von morgen sein könnte, setzt sich bei uns nur langsam durch. Die Risiken, die das Land während seines bisherigen Aufstiegs angehäuft hat, sollten eigentlich vor Euphorie genauso bewahren wie vor überzogenen Befürchtungen. Beides ist aber nicht der Fall und begründet die Konfusion des Westens im Umgang mit China: Es fehlt an einem realistischen Blick auf die Möglichkeiten und Grenzen des Landes, es fehlt an Koordination – was es China leicht macht, westliche Partner gegeneinander auszuspielen –, und es fehlt auf allen politischen und wirtschaftlichen Ebenen an einem Konsens über gemeinsame Interessen, die man in (und mit) China verwirklichen möchte.

Daß Peking versucht, aus dieser Situation dauerhafte Vorteile zu ziehen, ist verständlich. Ein effektiver Umgang mit den Herausforderungen, die das Land dem Westen stellt, würde unsere Bereitschaft voraussetzen, europäisch und transatlantisch in einen überfälligen Dialog über China einzutreten. Davon kann heute nur in Ansätzen die Rede sein. Unabgesprochene Alleingänge und gnadenlose Konkurrenz um die Vergabe beeindruckender Großprojekte werden – wie bisher – nur eine Folge haben: China wird weiter den Westen benutzen, um seine globale Position zu verbessern.« (Eberhard Sandschneider, ›Drache oder Panda?‹ *Die Welt*, 3. Januar 2006)

»Die Volksrepublik wird immer mehr zum Fixpunkt amerikanischer Außenpolitiker und Analysten. Zwar hatte der damalige Außenminister Colin Powell erst letzten Sommer überschwenglich verkündet, die Beziehungen beider Staaten seien seit Richard Nixons historischem China-Besuch 1972 nie besser gewesen. Doch die zweite George-W.-Bush-Administration betrachtet Asiens Supermacht zunehmend als Problem.

Vor allem Pekings wachsender Einfluß – und zwar auf Kosten der USA – bereitet Washington Kopfzerbrechen. So versuche China zum Beispiel immer wieder, Amerika auszugrenzen, sei es von der »Shanghai Cooperation Organisation« (SCO), mit der die Chinesen die Kooperation in Zentralasien fördern und anführen wollen, sei es vom geplanten Ostasien-Gipfel Ende des Jahres. Gleichzeitig kooperiert Peking nicht so, wie Washington das gern sähe: Chinas Regierung springt zum Beispiel mit Nordkorea nicht so streng um, wie die USA es sich angesichts der Atomkrise wünschen würden. Und mit ihrem neuen Antisezessionsgesetz, das eine harte Reaktion Chinas auf eine mögliche Unabhängigkeitserklärung Taiwans impliziert, zwänge Peking Amerika im Ernstfall zum Eingreifen in einen Krieg, mit dem Washington nichts zu tun haben will.

Um die Balance im Großraum Asien zu ihren Gunsten aufrechtzuerhalten und ein Gegengewicht zu China zu schaffen, wenden sich die USA nun verstärkt der zweiten asiatischen Großmacht zu: Indien. Gerade erst versprach Bush dem indischen Premier Singh ein Abkommen zum Austausch von Nukleartechnologie und erhob Delhi damit zur beinah gleichberechtigten Atommacht. Dahinter steckt ein schlichter Grundsatz: Sollen sie sich doch gegenseitig in Schach halten.«

(Sophie Mühlmann, ›Chinas Rüstung bereitet den US-Strategen Sorgen‹, *Die Welt*, 21. Juli 2005)

liche Blockade an, was Lahore zum Einlenken zwang. Eine Wiederholung dieses Vorgehens ist bei Gwadar nicht möglich.

- Die Volksrepublik China verfügt mit Gwadar indirekt über einen Stützpunkt direkt am Persischen Golf. Dadurch werden Befürchtungen, die USA könnten im Konfliktfall mit China die Transportnadelöhre (choke points) zustopfen, relativiert.

China ist im Begriff, die Sicherung der lebenswichtigen Energielieferungen voranzutreiben. Dazu gehören auch maritime Einrichtungen in Thailand, Kambodscha und in der südchinesischen See.
Reaktionen der US-Politik. Die chinesischen Aktivitäten beunruhigen die US-Regierung. In einer Studie Energy Futures in Asia, vom US-Verteidigungsministerium 2005 in Auftrag gegeben, wird auf die geographische Ausdehnung des chinesischen Machteinflusses aufmerksam gemacht. In bekannter Alleinherrschaftsmanier wird einem souveränen Staat das Recht auf eigenständige Interessenpolitik abgesprochen; daß es sich bei den chinesischen Bemühungen um Reaktionen auf die US-Politik handelt, die in vielen Äußerungen des Präsidenten und anderen maßgeblichen Personals ständig vor einer ›chinesischen Gefahr‹ warnt, ist in der Analyse verdrängt.

Seit 2001 existiert eine internationale Arbeitsgruppe, die von außenpolitischen Experten der drei Staaten: USA, Australien und Japan gebildet wird. Dieser sogenannte Trilateral Security Dialogue kam zustande, weil die Beteiligten der Ansicht waren, daß die Asia-Pacific Economic Cooperation und auch das ASEAN Regionalforum zu schwache Institutionen seien, um effektiv zu handeln. Bedrohlich erschienen ihnen vor allem die atomare Rüstung Nordkoreas, der Konflikt zwischen der Volksrepublik China und Taiwan und schließlich die Gefahren des globalen Terrorismus.

Bislang betrieben die USA bilaterale Allianzen mit Japan und Australien, den nördlichen und südlichen ›Anchors‹ der US-Präsenz im Pazifik, wie Washington sie bezeichnete. Von dem neuen Arrangement erwartete man eine bessere Koordination und ein robustes gemeinsames Auftreten. Die konservativen Regierungen in Canberra und Tokio zählen zu den treuesten Verbündeten der US-Regierung, wie die aktive Beteiligung am Irakkrieg belegt. Fünf Jahre später wurde diese Arbeitsgruppe aufgewertet; sie agiert jetzt auf ministerieller Ebene als Vorstufe einer vertraglichen Einigung. Mit dieser Aufwertung machte die US-Außenministerin den Paradigmenwechsel deutlich: Hauptaufgabe sei es jetzt, dem »negativen Einfluß« der von China ausgehe, zu begegnen. Die chinesische Presse spricht demgegenüber vom Versuch der USA, China klein zu halten. Die anderen asiatischen Staaten beargwöhnen das Vorgehen der USA. Die meisten betrachten die bestehenden Organisationen wie ASEAN als effektiv genug, ein neues Arrangement sei daher überflüssig. Es wird die Kritik geäußert, es handele sich um den eigennützigen Zusammenschluß einiger wirtschaftlich starker und technologisch führender Staaten zulasten der schwachen Länder.

In der Reaktion auf das von seinen Kritikern als ›kleine NATO‹ bezeichnete neue Bündnis gibt es Sondierungsgespräche für eine trilaterale Kooperation zwischen China, Indien und Rußland.

Ein neuer Kalter Krieg, diesmal mit Front gegen China, ist künftig nicht auszuschließen.

Konfliktbogen Kaukasus – Zentralasien

Die Politik der nachsowjetischen ›Transformation‹ nimmt in der Rückschau immer mehr die Züge einer vom Westen inszenierten Destruktion an, regional ausgeführt von einer neuen Machtelite, die für ihre Selbstbereicherung, vergleichbar mit vielen nachkolonialen Regimes in der Dritten Welt, einen Ausverkauf von nationalen Interessen billigend in Kauf nahm. Es wäre nützlich, die Außenpolitik der Jelzin-Ära aus diesem Blickwinkel zu untersuchen. In jedem Fall war Rußland als Nachfolger der Sowjetunion für ein Jahrzehnt ein schwaches Zentrum, das sich dem Ausbrechen von Großteilen seiner Peripherie nicht entgegenstemmte.

Die neuen Staaten in der Kaukasusregion sind weitgehend künstliche Gebilde; daher waren Auseinandersetzungen um ethnische Enklaven unvermeidlich: Abchasien und Südossetien in Georgien;

Nagorni Karabach in Aserbaidschan. Daneben brachen gewaltsame Auseinandersetzungen dort aus, wo Rußland den Weg zur Sezession blockierte wie bei Tschetschenien. Die angespannte Sicherheitslage veranlaßte zunächst neue Machteliten, bei Rußland um Unterstützung nachzusuchen, weil das frühere Zentrum hier noch vorübergehend militärisch präsent war, auf Basis des jeweiligen Unabhängigkeitsvertrags zwischen der UdSSR und den Ex-Sowjetrepubliken. Dies erklärt, warum ein ansonsten schwaches Rußland seinen anderswo schwindenden Einfluß im Kaukasus erst einmal sichern konnte, allerdings nur vorübergehend.

Die Vereinigten Staaten waren anfänglich zögerlich, das Machtvakuum im Kaukasus auszufüllen, obwohl die neuen Regierungen die Öffnung zum Westen anstrebten. Sicherlich gab die angespannte Sicherheitslage dafür den Ausschlag. Andererseits gab die Regierung Clinton ökonomischen Interessen Vorrang vor strategischen Überlegungen. US-amerikanische Ölkonzerne waren am ›Kaspischen Golf‹ schon lange tätig, bevor die eigene Regierung ihnen politischen Flankenschutz bei der Verwirklichung ihrer Absichten bot. Es ist verwunderlich, daß Washington die Bedeutung dieser Ölvorkommen als Alternative zu denen am Persischen Golf geraume Zeit nicht sah. Als Rußland im ersten Erwachen nach der post-sowjetischen Schocktherapie begann, die kaspischen Rohstoffvorkommen selbst unter Kontrolle zu bringen, reagierte die Clinton-Regierung. Sie schien zu begreifen, daß über den Ölfaktor auch strategische Ziele erreicht werden konnten – die Staaten der Region in den eigenen Orbit einzubinden und dadurch Rußland weiter zu schwächen.

Bei einer Senatsanhörung im März 2005 faste der Oberfehlshaber des U.S. European Command (EUCOM), zu dessen Operationsfeld auch der Kaukasus zählt, die strategische Bedeutung der Region wie folgt zusammen: »Der Kaukasus ist für uns von wachsender Bedeutung. Sein Luftkorridor ist lebenswichtig für die Verbindung der Koalitionsstreitkräfte in Afghanistan und unsere Stützpunkten in Europa. Kaspisches Öl, das durch den Kaukasus transportiert wird, wird in den nächsten fünf Jahren wahrscheinlich ein Viertel des globalen Wachstums der Ölförderung ausmachen. Die Region ist ein geographisches Scharnier bei der Verbreitung von Demokratie und freier Marktwirtschaft in den Staaten Zentral- und Südwestasiens«.

Die Vorgehensweise der USA läßt sich am Beispiel Georgiens dokumentieren.

US-Vorposten Georgien. Die USA bilden die georgische Armee aus und sorgen für deren Umrüstung auf US-Equipment. Daneben gibt es ein South Caucasus Clearinghouse genanntes Projekt. Darunter ist der Austausch von Geheimdienstinformationen zu verstehen. Außerdem ist ein Programm Caspian Guard angelaufen. Hierbei geht es um die Einrichtung einer integrierten Luft-, See- und Grenzkontrolle. Schließlich fällt in die Zuständigkeit von EUCOM die sogenannte Caspian Hydrocarbons Initiative, d.h. die Sicherung der Pipelineverbindungen. Auf Vorschlag des Militärs prüft die US-Regierung die Möglichkeit, in Georgien und Aserbaidschan Stützpunkte einzurichten; die ›security locations‹ sollen im Bedarfsfall für eine kurzfristige Stationierung von US-Truppen und als Zwischenstop genutzt werden.

Auf bilateraler Ebene haben die USA seit 1997 der georgischen Regierung Finanzhilfen gegeben, um den Abzug der russischen Truppen und die Schließung von Stützpunkten zu beschleunigen. Im Security Assistance Act aus dem Jahr 2000 hat das US-amerikanische Parlament umfangreiche Mittel für Sicherheitsprogramme vornehmlich an Georgien bewilligt.

Schon 1994 traten neben Georgien auch Armenien und Aserbaidschan dem NATO-Programm Partnership for Peace bei. Truppen der drei Staaten waren an dem NATO-Krieg im Kosovo beteiligt; aserische und georgische Einheiten sind in Afghanistan tätig.

Mittlerweile zählt Georgien nach Israel und Ägypten zum drittgrößten Empfängerland US-amerikanischer Entwicklungshilfe. Der erste georgische Staatspräsident Schewardnase gehörte in seiner früheren Karriere als sowjetischer Außenminister und KGB-Bezirkschef zur alten Machtelite; dann hatte er als Manager der Perestroika Anteil am Niedergang der Sowjetunion, was ihm ein hohes Ansehen im US-Establishment verschaffte. Aber Schewardnase hatte die wirtschaftliche und soziale Situation in seinem Land nicht im Griff. Der sich hier herausbildende Unmut, verbunden mit Vorwürfen von Korruption und Vetternwirtschaft, entlud sich in den Wahlen 2003. Offenbar strebte Washington den Sturz des Präsidenten an, dessen Politik des Taktierens zwischen Rußland und den USA als Belastung empfunden wurde. Die sogenannte Rosenrevolution brachte die erwünschte Wende. Der jetzige Staatspräsident ist stramm pro-amerikanisch ausgerichtet. Und was für die Missionare in Sachen Demokratie genauso wichtig war: Politische Manipulationen, früher unter der Hand von Spezialisten der CIA eingefädelt, konnten jetzt von regierungstreuen Medien inszeniert und als Erfolg für die Demokratie verkauft werden.

Der neue Präsident, Saakaschwili, erfüllt die ihn gesetzten Hoffnungen der US-Politik. Anstatt die soziale Notlage zum Schwerpunkt seiner Regierungspolitik zu machen, verlegte er sich auf außenpolitische Machtspiele. Nach fast zwölf Jahren des Friedens und des Erhalts russischen Einflusses in der Region, wird nun diese Balance durch Georgien in Frage gestellt. Die geographische Lage Georgiens als Bindeglied zwischen Europa und Zentralasien sowie dem Nahen und dem Mittleren Osten ermöglicht den USA eine weit reichende Kontrolle über den Schwarzmeerraum. Auch wird damit indirekt auf eine Einschränkung des chinesischen Zuganges im Kaspischen Raum abgezielt.

In dieser Situation kam Rußland, das schon wie der sichere Verlierer im geopolitischen Spiel aussah, das Scheitern des ›US-Friedensmission‹ im Irak zugute. Offensichtlich fehlen den Vereinigten Staaten derzeit die Mittel, ihre Expansionsbestrebungen anderswo fortzusetzen, und potentielle Klienten schrecken zunehmend vor den Freunden aus Washington zurück, wenn sie die Resultate des US-amerikanischen Hantierens in Bagdad analysieren und spüren, daß sie nur Mittel zum machtpolitischen Zweck sind. Tatsächlich sieht die sozioökonomische Bilanz in allen Staaten, die den Regimewechsel nach dem Modell der ›Farbenrevolution‹ befolgt haben, verheerend aus. Ein Beispiel: Die Betreiber der BTC-Pipeline versprachen 70.000 neue Arbeitsplätze für Georgien, wo die Arbeitslosigkeit bei 45 Prozent liegt. Tatsächlich wurden nicht mehr als 250 Arbeiter eingestellt.

Ihr Nahziel, die Einbindung Georgiens in den eigenen Machtorbit, haben die Vereinigten Staaten erreicht. Um ihre Präsenz abzurunden, streben sie Militärbasen in Aserbaidschan an. Dies stößt jedoch auf Vorbehalte des Alijew-Regimes, das vom Vater auf den Sohn überging. Das Konzept einer ›Samtrevolution‹ kam hier nicht zur Anwendung: Das Regime ist politisch offenbar sehr robust und die Teilhabe an den Ölpfründen innerhalb der Elite so geschickt verteilt, daß es an unbefriedigten Begehrlichkeiten fehlt. Hier gibt es eine ständig wachsende islamistische Opposition, der sich die sozial Entwurzelten anschließen. Es wäre deshalb für Washington riskant gewesen, das Regime in Wahlen herauszufordern, weil aus ihnen nicht die eigenen Gefolgsleute, sondern wahrscheinlich die Islamisten als Sieger hervorgegangen wären.

Alijew-Sohn scheint eine Politik des Abwägens zu betreiben; dies wird deutlich am Verteidigungsabkommen mit dem Iran vom April 2005; es sieht vor, daß keiner der Vertragspartner sein Territorium für einen Angriff auf den anderen zur Verfügung stellen darf. Diese Politik schlägt sich aber auch in der Weigerung der aserischen Regierung nieder, die Zusammenarbeit mit Rußland militärpolitisch zu intensivieren. Auf dem letzten russisch-aserischen Gipfeltreffen im Februar 2006 wurde andererseits eine Vielzahl von ökonomischen Projekten beschlossen; sie erstrecken sich von russischen Investitionen im industriellen Sektor über Nutzungsrechte russischer Pipelines bis hin zum Bau einer Straßentrasse, die Südrußland über Aserbaidschan mit dem Iran verbinden wird. Eine engere militärische Kooperation wurde zwar nicht gänzlich abgelehnt, aber auf Nebensächlichkeiten wie militärtechnische Zusammenarbeit und ein gemeinsames Vorgehen gegen Drogenhandel und Schmuggel reduziert. Das ist nicht verwunderlich, denn Rußland hatte in den neunziger Jahren beim Konflikt um die Enklave Nagorni Karabach Armenien massiv unterstützt.

Über Georgien gelang Washington eine dauerhafte Präsenz im Kaukasus. Eine Wiederherstellung des russischen Einflusses ist unter der Regierung Putin hier nur teilweise erfolgt. Es ist damit zu rechnen, daß die USA ihre strategischen Bemühungen in dieser Region

Weitere Etappe im Konflikt Georgien-Rußland

»Das strategisch wichtige Vier-Millionen-Einwohner-Land Georgien befindet sich, gestützt auf seinen neuen Schutzpatron in Washington, seit einiger Zeit im Konflikt mit Russland, das verlorenen Einfluss in Ländern der ehemaligen Sowjetunion zurückgewinnen will. Ausgangspunkt des Konfliktes sind Abchasien und Südossetien: Regionen, die seit blutigen Bürgerkriegen Anfang der 90er Jahre theoretisch noch zu Georgien gehören, in der Praxis aber schleichend von Rußland annektiert werden.

Die meisten der 200 000 Einwohner der Schwarzmeerregion Abchasien zum Beispiel haben einen russischen Pass, und russische Touristen füllen die Kasse. Ähnlich Südossetien, das sich gern mit dem zu Russland gehörenden Nordossetien zusammenschließen würde. Während der Kreml für Russland immer auf territorialer Unversehrtheit besteht, fördert er den Separatismus von Südosseten und Abchasen nach Kräften.

Provinzfürst Kwitsiani, dessen Bergtal nach Abchasien führt, habe gegenüber der Regierung in Tiflis eine immere dikkere Lippe riskiert, weil er vom russischen Geheimdienst gestützt und mit russischen Boden-Luft-Raketen vom Typ Igla und Strela ausgerüstet wurde: Das behaupten der Chef des Sicherheitskomitees des georgischen Parlaments und der Stabschef von Präsident Michail Saakaschwili. Oppositionelle und Bürgergruppen dagegen sagen, die Regierung vernachlässige die bettelarme Bergregion und habe so den Protest erst provoziert. Fest steht, daß Saakaschwili den Streit zur Demonstration der Stärke nutzte.

Auch in Südossetien ist es unruhig: Der Chef des Sicherheitsrates wurde am 9. Juli per Autobombe ermordet. Georgiens Parlament forderte am 18. Juli den Abzug russischer Soldaten aus Südossetien und Abchasien. Der georgische Verteidigungsminister, ein Vertrauter Saakaschwilis, prahlte, er werde Neujahr in der Hauptstadt Südossetiens feiern.

Der Minister und sein zunehmend selbstherrlich regierender Präsident stützen sich auf Georgiens Status als Transitland für Öl und Gas außerhalb russischer Kontrolle und auf zunehmende Finanz- und Militärhilfe aus den USA. Präsident George W. Bush empfing Saakaschwili im Weißen Haus, nur zehn Tage vor dem G-8-Gipfel in Petersburg. Doch Washington wird sich kaum offen mit Moskau anlegen. Dessen Verteidigungsminister ließ Mitte Juli 6000 russische Soldaten Hilfe für russische »Friedenstruppen« in Südossetien und Abchasien üben. Dort sei eine Zuspitzung »sehr wahrscheinlich«, sagte Verteidigungsminister Sergej Iwanow.«

(F. Hassel, Tiflis greift demonstrativ durch‹, *Frankfurter Rundschau*, 28.Juli 2006)

fortsetzen werden. Auf der Ostseite des Kaspischen Meeres ist es Rußland hingegen gelungen, seine Position aufzubessern; dort haben die Vereinigten Staaten neu gewonnenes strategisches Terrain wieder eingebüßt.

Machtverschiebungen in Zentralasien. Zentralasien – das meint die fünf früheren Sowjetrepubliken, die nach dem Zusammenbruch der UdSSR unabhängige Staaten wurden: Kasachstan, Kirgisien, Tadschikistan,Turkmenistan und Usbekistan.

Es gab Bestrebungen der neuen Machthaber in den zentralasiatischen Staaten, engere Beziehungen vor allem mit den Vereinigten Staaten aufzubauen. Beispielgebend hierfür ist Usbekistan, das zeitweise eine Politik der Ausgrenzung Rußlands betrieb. Dies kam den USA entgegen, die nun begannen, in Zentralasien machtpolitisch tätig zu werden, wie sich an der erwähnten »Partnership for peace« (PfP) belegen läßt. Im Januar 1994 legte die NATO dieses Programm auf. Binnen Jahresfrist hatten sämtliche Staaten der Region mit Ausnahme von Tadschikistan den Vertrag unterzeichnet. Das PfP-Programm beinhaltet gemeinsame Militärplanungen und Übungen bzw. Manöver. Im Rahmen dieses Abkommens, das offiziell von der NATO administriert wird, an dem aber anfänglich nur US-amerikanische Militäreinheiten beteiligt waren, kam es 1997 zum ersten gemeinsamen Manöver (Centrasbat-97). Das Kriegsspiel sollte vorgeblich dem Iran, China und Taliban-Afghanistan als Warnung dienen. Ein Jahr später wurden Militärübungen in Usbekistan durchgeführt unter Beteiligung von Truppen aus Usbekistan, Kirgisien, Aserbaidschan, Georgien, Rußland und auf Seiten der NATO der Vereinigten Staaten und der Türkei. Bis zum Afghanistankrieg kühlten die Beziehungen zum Westen dann aber merklich ab.

Aus dieser Konstellation heraus bildeten sich mehrere Konfliktfelder zwischen den Vereinigten Staaten, Rußland und China; gemeinsame Interessen gibt es lediglich beim Kampf gegen den islamischen Terrorismus.

Die Vereinigten Staaten: Für sie ist Zentralasien zu einem strategisch wichtigen Raum geworden, den sie unter dem Vorwand ihres Krieges gegen den internationalen Terrorismus für sich reklamieren. Damit erhielten die Wirtschaftsinteressen US-amerikanischer Konzerne eine Rückendeckung, die von der Gesetzgebung schon vorbereitet war. Der ›Silk Road Strategy Act of 1999‹, der vom US-Senat im März 1999 verabschiedet wurde, beinhaltet u.a. folgendes: »Die Region des südlichen Kaukasus und Zentralasien könnten Öl und Gas in ausreichendem Maß produzieren, um die Abhängigkeit der Vereinigten Staaten von der Energie aus der unsicheren Region des Persischen Golfes zu reduzieren«, Sec.2; (6). (Es gilt) »bei der Entwicklung einer Infrastruktur zu helfen, die notwendig ist für Kommunikation, Transport,... und Handel entlang einer Ost-West-Achse, um stabile internationale Beziehungen und Handel zwischen diesen Ländern und den stabilen, demokratischen und marktwirtschaftlichen Ländern der Euro-Atlantischen Gemeinschaft aufzubauen... und die Wirtschaftsinteressen der Vereinigten Staaten und Investitionen in der Region zu unterstützen«, Sec.3, (6) und (7).

Rußland überstand als außenpolitisch gewichtiger Staat das Jahrzehnt einer verfehlten Transformation, wenn auch angeschlagen. Falls es eine Strategie im Westen gab, die auf eine völlige ›Zerlegung‹ Rußlands als Machtfaktor in der Weltpolitik abzielte, war sie gescheitert. Der Regierung Putin ist es dann gelungen, eine erfolgversprechende Politik der Machtstabilisierung einzuleiten. Neue politische Wegemarken in Zentralasien sind:

a) Rußland und die zentralasiatischen Staaten Kasachstan, Kirgisien und Tadschikistan sowie Weißrußland gründeten im Oktober 2000 die Eurasische Wirtschaftsgemeinschaft, die schrittweise zu einem einheitlichen Wirtschaftsraum, vergleichbar der EU, entwikkelt werden soll. Rußland hat als erster Staat den übrigen Mitgliedern einen zollfreien Zugang zu seinem Binnenmarkt zugesichert. Die Armeen der Staatengruppe werden von Rußland zu den gleichen Konditionen beliefert, die für die russischen Streitkräfte gelten, also weit unterhalb der Weltmarktpreise.

b) Die Beteiligung Rußlands an der Shanghai Cooperation Organization (SCO) schafft weitere rechtliche Voraussetzungen für wirtschaftliche Zusammenarbeit, wobei allerdings nicht zu übersehen ist, daß dem Land für eine kraftvolle Außenwirtschaftspolitik die Mittel fehlen. Zumindest ist jedoch sichergestellt, daß Rußland in die wirtschaftlichen Prozesse seiner östlichen Nachbarn eingebunden ist.

c) Die Signatarstaaten des Kollektiven Sicherheitsvertrages von 1992 (Rußland, Weißrußland, Armenien, Kasachstan, Kirgisien und Tadschikistan) haben kurze Zeit später die Gründung einer schnellen Eingrifftruppe beschlossen für den Kampf gegen mögliche interne Aufstände und auswärtige Aggressionen.

China betrachtet die US-Politik in Zentralasien mit Argwohn; vor dem Hintergrund seiner Energieprobleme muß es eine Politik des Ausgleichs mit den Staaten der Region anstreben, wobei aus strategischen Gründen die militärischen Avancen der Vereinigten Staaten dort als bedrohlich empfunden werden. Allerdings kann es diesen Ländern keine Alternative bieten zu der mit militärischen Ambitionen verbundenen US-Wirtschaftshilfe. Daß die Volksrepublik einen bestimmenden Einfluß der USA in dieser Region nicht wird hinnehmen wollen, ist einsichtig.

a) Der 2000 mit Rußland geschlossene Freundschaftsvertrag ist als Teil gemeinsamer Anstrengungen zu sehen, dem US-amerikanischen Vordringen Einhalt zu gebieten.

b) Eine wichtige Plattform der Politik Chinas bildet das Shanghai Forum, wo seit 1996 Interessen der Staaten Kasachstan, Kirgisien, Tadschikistan, Rußland und China beraten werden. Anlaß war die Klärung von Grenzziehungen und von Problemen ethnischer Minderheiten. Das Forum hat sich als erfolgreiches Instrument bei der Problembewältigung erwiesen. Die seinerzeitige Absichtserklärung zum gegenseitigen Gewaltverzicht ist mittlerweile ausgedehnt worden und umfaßt nun auch den Verzicht auf Militärmanöver, die gegen ein Mitgliedsland gerichtet sind und den Verzicht auf militärische Maßnahmen in einer Tiefe von 100 Kilometern zur jeweiligen Grenze. Auf dem Gipfeltreffen 1998 verpflichteten sich die Mitglieder, gegen jede Form von nationalem Separatismus und religiösem Extremismus vorzugehen und Gruppen zu verbieten, die gegen die Sicherheit und die öffentliche Ordnung verstoßen. 1999 erfolgte dann ein Aufruf, Zentralasien in eine kernwaffenfreie Zone zu verwandeln. Als ein weiterer Erfolg ist zu werten, daß Usbekistan zwischenzeitlich als Beobachter an den Konsultationen teilnimmt. Seit Juni 2001 ist das Forum in die Shanghai Cooperation Organization (SCO) umgewandelt; die neue Organisationform gibt der Zusammenarbeit eine feste Basis und führt zu einer größeren Koordination der Einzelinteressen der Mitgliedsstaaten, wie *Eurasiaweek* (14. Juni 2001) kommentierte.

Die Konfliktfelder in Zentralasien sind einerseits wirtschaftlicher Natur; alle drei Großmächte haben Interesse an den Ressourcen der Region. Der Zugang ist jedoch an eine politische Verständigung mit den örtlichen Machteliten gebunden, kann also nicht durch ›Marktkräfte‹ geregelt werden. Darunter fallen auch Sicherheitsgarantien an die Machthaber. Interessenkonflikte sind vorprogrammiert; aus russischer und chinesischer Sicht wird die US-Militärpräsenz als eine strategische Bedrohung empfunden.

Aber sowohl die russische als auch die chinesische Politik in Zentralasien weisen erhebliche Schwachstellen auf, weil sie auf den Fortbestand der jetzigen Regimes an der Macht setzen. Ferner hat Rußland mit Islamismus im eigenen Land zu kämpfen, siehe Tschetschenien. China hat ein ähnliches Problem mit Separationsbestrebungen in seiner westlichen Provinz Sinkiang. Schließlich verfügen Rußland und China zwar über hinreichende Erfahrungen im Politikmanagement mit etablierten Regimes, jedoch nicht beim Zugang auf demokratische Oppositionsströmungen.

Die Shanghai Cooperation Organisation als Gegenkraft. Der fünfte Gipfel der Shanghai Cooperation Organisation (SCO) fand am 15. Juni 2006 statt. Der Iran, Indien, Pakistan und die Mongolei nahmen als Beobachter an der Konferenz teil. Afghanistan war als »Gast« eingeladen.

Der Gipfel hat deutlich gemacht, daß Rußland und China ambitionierte Pläne für eine breitere regionale Einflußnahme haben. Dafür wollen sie Chinas Wirtschaftsmacht und die großen Öl- und Gasvorkommen Rußlands und Zentralasiens einsetzen. Der Iran mit seinen zweitgrößten Gas- und viertgrößten Ölvorkommen würde die Energiemacht der SCO weiter vergrößern.

Am Vorabend des Treffens in Schanghai formulierte US-Verteidigungsminister Donald Rumsfeld das Unbehagen Washingtons über diese Entwicklung. Er sagte, daß die SCO mit dem Iran nicht »eines der führenden Terrorländer der Welt« zu einem Gipfel hätte einladen sollen, bei dem es um den Kampf gegen den Terrorismus gehe. Die US-amerikanische Kampagne gegen den Iran hat allerdings nichts mit dem »Terrorismus«-Problem zu tun, sondern mit Washingtons Ambitionen, Teheran und seine Bodenschätze unter US-Kontrolle zu bekommen.

Auf dem Gipfel schlug der russische Präsident Putin die Grün-

Nach der Tulpenrevolution

Der 24. März wird in Kirgisien als »Tag des Justiztriumphes« begangen; er soll an den Beginn der ›Tulpenrevolution‹ 2005 erinnern. Die Bevölkerung nennt ihn »Tag der Plünderer«. Was zunächst mit großem Aufwand und Medienrummel als demokratischer Aufbruch gefeiert wurde, erwies sich dann als Mogelpakkung. Die Regierungsbehörden des Landes sind mit Kriminellen durchsetzt, denen der neue Machthaber Bakijew neben seinen Freunden in Washington das Amt verdankt. Die Wirtschaft liegt danieder; Haupteinnahmequelle bildet der Drogenhandel; von hier wird das Heroin Afghanistans in die europäischen Verteilersysteme eingespeist. Zweite Quelle bildet die Pacht, die die Vereinigten Staaten für die Nutzung des Stützpunktes Manas bezahlen. Die Hälfte des Nationaleinkommens stammt jedoch aus den Überweisungen, die kirgische Arbeitsmigranten an ihre Familien daheim leisten.

Für Washington war dieser Regime change ein strategischer Zugewinn, denn nun sind US-Streitkräfte im Herzen Eurasiens fest verankert. Daß dabei die soziale Katastrophe aus dem Blick gerät, paßt ins Konzept einer hauptsächlich nach militärischen Kategorien handelnden Regierung. Jedoch könnte sich dies als leichtfertig erweisen, wenn das Klientenregime in einem Volksaufstand gestürzt werden sollte. Der Mitte 2006 erfolgte Kurswechsel des Regimes hin zu einer Wiederannäherung an Rußland und China scheint den Versuch darzustellen, der Opposition entgegenzukommen, zumal von russischer Seite milliardenschwere Investitionen in Aussicht gestellt werden, offensichtlich gebunden an die Aufforderung, die kirgisische Regierung möge ihre Beziehungen mit den Vereinigten Staaten einer gründlichen Prüfung unterziehen. In der Tat soll nun der US-Stützpunkt geschlossen werden – ob ernsthafte Absicht oder taktische Finesse, kann gegenwärtig nicht beantwortet werden.

> Nebenbei ist in Kirgisien ein starker Zulauf zu radikal-islamistischen Gruppierungen zu verzeichen, der bei ernsthaftem Bemühen um Demokratie und Fortschritt in diesem Ausmaß so nicht anzunehmen wäre. Die Regierung Bush beim Wort genommen: betrachtet sie nicht den Kampf gegen Terrorismus als die wichtigste Aufgabe? Wie kann sie dann unter ihren Augen islamischen Terrorismus aufblühen lassen?
>
> (M K Bhadrakumar, ›Revolutions gone astray in Eurasia‹, *AToL*, 31. März 2006)

dung »eines SCO Energieclubs« vor. Er versucht damit, die von den USA angestrebte Vorherrschaft im Nahen und Mittleren Osten und in Zentralasien zu durchkreuzen. Er wies darauf hin, daß die SCO-Mitglieder 20 Prozent der Weltölreserven und 50 Prozent der Weltgasreserven kontrollieren. Auf der anderen Seite hat China als momentan zweitgrößter Erdölimporteur der Welt einen ungeheuren und zunehmenden Energiebedarf.

Dem iranischen Präsidenten Ahmadinedschad war offenbar sehr daran gelegen, Irans Energiereserven als Eintrittskarte zur SCO und als Gegengewicht gegen Washingtons kriegerische Kampagne einzusetzen. Iran strebt eine Vollmitgliedschaft in der SCO an, und Ahmadinedschad schlug eine regionale Energiekonferenz im Iran vor. Aber Rußland und China schlossen sich den weiteren Vorschlägen Ahmadinedschads nach gegenseitiger politischer und militärischer Unterstützung nicht an. Offenbar wollen sie eine offene Konfrontation mit den Vereinigten Staaten in Sachen Iran vermeiden. Dem entsprechen auch die Äußerungen führender chinesischer und russischer Politiker, daß kurzfristig eine Mitgliedschaft des Iran in der SCO auszuschließen sei. Ebenso sei nicht beabsichtigt, die Organisation in einen Militärpakt wie die NATO oder den früheren Warschauer Pakt zu verwandeln. Jedoch schlug der chinesische Präsident

Verhandlungen über einen Nichtangriffspakt zwischen den SCO-Staaten vor, der Mitgliedstaaten von Aktivitäten abhalten soll, welche die Sicherheit, Souveränität und territoriale Integrität anderer Mitglieder untergraben. Ein solcher Vertrag könnte Washingtons Bemühungen neutralisieren, durch die Förderung sogenannter Farben-Revolutionen in Zentralasien pro-amerikanische Regimes zu installieren.

Deutlich wurde, daß die SCO mittlerweile ein solides Bollwerk gegenüber US-amerikanischen Machtambitionen in der Region geworden ist.

Die Befürchtungen Washingtons über diese Entwicklungen brachte das *Wall Street Journal* in einem Kommentar am 15. Juni 2006 zum Ausdruck. Dort heißt es: »Es ist das wachsende politische Gewicht der SCO, das uns gegenwärtig Sorgen bereitet. Die Gruppe verfolgt offensichtlich weitgesteckte Ziele. Der russische Präsident Wladimir Putin hat sie diese Woche in einem Artikel als ›einflußreiche regionale Organisation‹ bezeichnet. Die Vereinten Nationen haben 2004 ein SCO-Sekretariat eingerichtet, und Vertreter der SCO haben Kontakt zur europäischen OSZE und zum südostasiatischen Staatenbund ASEAN aufgenommen... . Jenseits von Energieinteressen – die zugegebenermaßen ein starker Antrieb sind – ist es schwer verständlich, warum Neu Delhi oder Kabul näher an die SCO heranrücken sollten, eine Gruppierung, der z.B. auch der weißrussische Diktator Alexander Lukaschenko beitreten möchte. Das ist ein weiterer Punkt, den der US-Kongress bei der Beratung über das kürzlich vereinbarte amerikanisch-indische Atomabkommen bedenken sollte.«

Offensichtlich ist das Sprachrohr der US-amerikanischen Hochfinanz besorgt, die SCO könne Washingtons langfristige Pläne zur »zugegebenermaßen wichtigen« Energiefrage stören, die es per Vorherrschaft über Zentralasien und den Nahen Osten lösen möchte. Der drohende Ton des Kommentars macht klar, daß die US-amerikanische Machtelite dem Erstarken eines russisch-chinesischen Blocks auf der eurasischen Landmasse nicht tatenlos zuschauen wird.

Die strategische Partnerschaft zwischen Rußland und China hat auch eine ökonomische Fundierung. Neben Energielieferungen und -transporten geht es vor allem um die Einrichtung von Sonderwirtschaftszonen. Überhaupt sind die sino-russischen Wirtschaftsbeziehungen von stetiger Ausdehnung gekennzeichnet; so stieg der bilaterale Handel zwischen 2004 und 2005 auf knapp 40 Milliarden US-Dollar, was eine Steigerungsrate um rund 40 Prozent bedeutet.

Der im März 2006 vertraglich vereinbarte Bau der Ölpipeline von Sibirien nach dem chinesischen Daqink sowie einer Erdgasleitung von Westsibirien nach Chinas Westprovinz Sinkiang bedeuten die Öffnung eines Energiekorridors. Dadurch entsteht eine wechselseitige Abhängigkeit: der Produzent bindet sich – angesichts der milliardenschweren Investitionen – langfristig an einen Kunden, der sein internes Versorgungsnetz auf diese Bezugsquelle ausrichtet. Insofern ist hiermit die Basis für eine dauerhafte Zusammenarbeit geschaffen, die von strategischen Interessen gestützt wird.

Erkennbar wird, daß Rußland und China ihre eigenen Machtansprüche in Zentralasien erheben und dabei die Vereinigten Staaten zurückgedrängt haben. Wie tragfähig bzw. perspektivisch die sino-russische Vorgehensweise ist, hängt allerdings auch wiederum von Washington ab und zudem von den – nicht gerade stabilen – inneren Entwicklungen in den zentralasiatischen Staaten.

Neue und alte Frontstaaten: Indien, Pakistan, Afghanistan

In den strategischen Überlegungen der Vereinigten Staaten nimmt die ›Eindämmung‹ Chinas einen herausragenden Platz ein. Da kommt es gelegen, daß mit Indien ein neuer Partner bereit zu stehen scheint, der auf seine Weise dem erwarteten Vormarsch Chinas Einhalt gebieten könnte.

Die Nationale Sicherheitsstrategie Washingtons von 2002 trägt dem Rechnung, denn dort wird eine enge Beziehung zu Indien eingefordert. Erstes Ergebnis war die Verabschiedung einer Initiative »Next Steps in Strategic Partnership«, die von den Präsidenten beider Länder im Januar 2004 verkündet wurde. Die Partnerschaft beinhaltet als Schwerpunkte zivile Nutzung von Atomenergie, Projekte der zivilen Raumfahrt, Ausbau des Handels im Hochtechnologiebereich und Beteiligung Indiens am Raketenabwehrsystem. Ein Jahr später trat die Regierung Bush mit einem weiteren Programm an die Öffentlichkeit, der »Neuen Strategie für Südasien«. Hier wird u.a. dargelegt, daß die Vereinigten Staaten »dabei helfen, daß Indien eine wichtige Großmacht im 21. Jahrhundert wird«. Dahinter scheint die eigentliche Absicht durch, Indien als Gegengewicht zu China zu entwickeln. Zwar dementiert Washington diese Interpretation; jedoch gab das US-Verteidigungsministerium bekannt, Indien werde von den USA konventionelle Waffen in einer Größenordnung von 5 Milliarden US-Dollar kaufen, darunter auch sogenannte Plattformen, mit denen Aktivitäten des chinesischen Militärs beobachtet werden können.

Auf Seiten des politischen Establishments in Indien gibt es Vorbehalte gegen eine zu weitgehende Kooperation mit den USA. Beispielsweise verabschiedete das indische Parlament eine Resolution, die den US-Irakkrieg scharf verurteilte. Ferner fühlte sich Neu Delhi brüskiert, als Pakistan in den Rang eines wichtigen ›Assozierten‹ neben der NATO erhoben wurde. Hierauf reagierte die US-Regierung mit einem gleichen Angebot an Indien, das von Indien jedoch abgelehnt wurde. Washington band an die strategische Kooperation auch die Erwartung, Indien werde von seiner bisherigen Iran-Politik abweichen. Sie blieb unerfüllt. Die indische Regierung hielt an der Deklaration von Neu Delhi fest; diese im Januar 2003 von Indien und dem Iran verabschiedete Erklärung postuliert den weiteren Ausbau der bisherigen, als positiv gewerteten Zusammenarbeit. So unterstützte Neu Delhi Teheran bei der Kontroverse um das iranische Atomprogramm, diplomatisch auf der

Ebene der Vereinten Nationen, praktisch durch Technologietransfer und Entsendung von Fachpersonal. Auf die Kritik der US-Regierung am Projekt einer Gaspipeline von Iran nach Indien reagierte Indien mit dem Hinweis auf nationales Interesse, was sich sonst nur Washington vorbehält.

Es gibt allerdings Bereiche, bei denen eine Zusammenarbeit mit den USA als nutzbringend angesehen wird, gerade im Hinblick auf Pakistan, das aus Sicht Neu Delhis immer noch einen destabilisierenden Faktor darstellt. Es bestehen gemeinsame wirtschaftliche Interessen mit den Vereinigten Staaten vor allem im Bereich der Atomenergie. Indien ist in hohem Maß auf Energieimporte angewiesen; Nuklearanlagen könnten diese Abhängigkeit mindern, zumal Indien bei seiner Versorgung mit Erdgas und -öl auf heftige und erfolgreiche Konkurrenz aus China stößt.

Es ist unverkennbar, daß für Washington die strategische Komponente, nämlich Indien als ›hedge‹ zu China aufzubauen, von herausragender Bedeutung ist. Das belegen zwei Ereignisse:

- Im Juli 2005 wurde ein zunächst auf zehn Jahre befristetes Verteidigungsabkommen geschlossen, bilaterale Waffengeschäfte und Ausbau von Technologietransfer und gemeinsamen Produktionsanlagen betreffend..
- Im März 2006 gaben der US-Präsident George W. Bush und der indische Premierminister Manmohan Singh die Unterzeichnung eines weiteren Abkommens bekannt. Es sieht vor, daß die USA künftig zivile Atomtechnologie an Indien liefern können. Dies war über Jahrzehnte hinweg verpönt: Da Indien den Atomwaffensperrvertrag nicht unterzeichnet hat, bisher keine internationalen Kontrollen seiner Nuklearanlagen erlaubt und über ein militärisches Atomprogramm verfügt, wurde es vom internationalen

Nuklearmarkt abgeschnitten. Mit dem Abkommen nehmen die USA Indien nun de facto in den Klub der anerkannten Atommächte auf. Daß damit der Atomwaffensperrvertrag unterlaufen wird, kümmert Washington wenig. Als Gegenleistung für diesen politischen Kurswechsel verpflichtet sich Indien, seine zivilen Nuklearanlagen unter die Aufsicht der Internationalen Atomenergiebehörde (IAEA) zu stellen. Der wichtigste Streitpunkt bei den Verhandlungen war, welche Anlagen Indien als zivil, welche als militärisch einstufen soll. Letztere bleiben weiterhin unkontrolliert. Umstritten war vor allem die Einstufung eines Schnellen Brüters, der waffentaugliches Plutonium herstellen kann.

Bush bezeichnete auf einer gemeinsamen Pressekonferenz mit Manmohan Singh den bilateralen Nuklearvertrag als »historisch« und behauptete, es liege im eigenen nationalen Interesse der USA, wenn Indien seine zivilen Atomkapazitäten ausdehne. Es könne dadurch seine Abhängigkeit von importierter Energie verringern und infolge dessen den Druck der internationalen Öl- und Gaspreise reduzieren.

Ohne Frage stehen ökonomische Interessen hinter dem Vertrag. Vor allem die US-Nuklearindustrie hofft, davon zu profitieren. Aber Washingtons eigentliches Ziel besteht darin, die indisch-US-amerikanischen Beziehungen auf ein neues Niveau anzuheben. Die Bush-Regierung hat aber auch deshalb Indien heftig den Hof gemacht, weil sie diesen Staat für ihre Strategie einspannen will, die amerikanische Vorherrschaft in Asien zu erhalten und ihn als wirtschaftliches, militärisches und geopolitisches Gegengewicht zu China zu instrumentalisieren. Mit der Bemerkung, die Weiterentwicklung der US-amerikanisch-indischen Beziehungen werde »entscheidenden« Einfluss auf die geopolitische Weltordnung des kommenden

Jahrhunderts haben, deutete Bush die strategische Motivation an, die der von Washington angestrebten, sogenannten »globalen Partnerschaft« mit Neu Delhi zugrunde liegt.

Das Abkommen verärgerte allerdings die Regierung Pakistans, mit der die Vereinigten Staaten eine besondere strategische Kooperation haben und auf deren Mitwirken sie bei der ›Befriedung‹ Afghanistans angewiesen sind. Daher signalisierte Präsident Bush bei seinem Staatsbesuch in Islambad seine Zustimmung zum Bau der iranisch-indischen Erdgasleitung, die über Pakistan führt. In der Vergangenheit hatte Washington im Rahmen seiner Möglichkeiten versucht, dieses Projekt zu Fall zu bringen. Für Pakistan birgt das Vorhaben, das nun zügig in Angriff genommen wird, mehrere Vorteile: erstens erhält das Land dringend benötigte Energie zu günstigen Preisen, zweitens profitiert der Staat an den Transitgebühren und drittens kann Islamabad im Bedarfsfall den Gashahn zudrehen.

Demnach hält die US-Regierung, wenn auch nun in variierter Form, am traditionellen Konzept fest, Indien über Pakistan zu kontrollieren. Sieht man genauer hin, zeigt sich aber, daß Indien aus der neuen Zusammenarbeit wesentlich mehr Nutzen zieht als die Vereinigten Staaten. Warum Neu Delhi strategische Wünsche der USA unbedingt erfüllen sollte, wie von Washington erhofft, erschließt sich nicht zwingend.

Der Nuklearvertrag zwischen Indien und den USA wird – sofern er die parlamentarischen Hürden im US-Kongreß nimmt – die Machtpositionen auf dem Subkontinent zulasten Pakistans verändern. Es ist nicht anzunehmen, daß die US-Regierung dem Wunsch Islamabads entsprechen wird, einen ähnlichen Vertrag abzuschließen; dagegen sprechen Vorbehalte in Parlamentarierkreisen, die Pakistans Umgang mit der Weitergabe von Atomtechnik an Staaten wie Nordkorea verurteilen. Somit bliebe für Pakistan nur der Weg offen, Nuklearanlagen aus China oder Rußland zu beziehen. Hier deuten sich weitere Machtspiele an, nicht weil diesen Staaten an der Hochrüstung Pakistans gelegen ist, sondern weil sie damit kalkulieren könnten, die politische Druckmasse gegenüber den Vereinigten Staaten zu erhöhen.

Islamabad kann noch einen anderen Trumph ziehen – die Zusammenarbeit im Kampf gegen den internationalen Terrorismus. Die katastrophale Lage im Irak verdeckt den Blick auf die Situation in Afghanistan.

Das vom Westen dort installierte Regime ist auf sich gestellt nicht überlebensfähig und sein Verbleib an der Macht hängt auch von der Duldung durch war lords und gemäßigte Kreise in den Reihen der Taliban ab. Der Konsens besteht offenbar darin, eine schwache Zentralregierung zu haben, die – gestützt auf NATO-Einheiten – annehmbare Rahmenbedingungen garantiert und sich ansonsten aus den Geschäften in den Regionen fernhält. Allerdings sind die alten Talibankämpfer wieder auf dem Vormarsch.

Nach dem Afghanistankrieg zog sich ein Großteil der überlebenden Taliban in die Nordwestprovinz Pakistans zurück. Die dort ansässige, paschtunische Bevölkerung teilt mit ihnen neben der Abstammung auch einen tiefgläubigen Islam. Das unwegsame Gelände, aber auch der rechtliche Sonderstatus der Provinz erschwerten den Einsatz der pakistanischen Armee. Daß Sondereinheiten der US-Armee bei der Verfolgung von Taliban und Al-Kaida hier keinen Erfolg hatten, ist wenig verwunderlich. Offenbar konnten die Taliban hier ihre Position so weit ausbauen, daß sie im Februar 2006 den Islamischen Staat Waziristan ausriefen. Die pakistanische Armee hat in diesem Terrain allem Anschein nach kaum noch Einfluß.

Von dieser sicheren Basis aus können die Taliban ihre Operationen in Afghanistan betreiben und den Widerstand gegen das Kabuler Regime anheizen. Wesentlicher sind jedoch die innenpolitischen Auswirkungen für Pakistan.

Die pakistanische Gesellschaft ist in ihrem Selbstverständnis fundamental islamisch. Die Zusammenarbeit der Regierung mit den USA wird deshalb von der Bevölkerungsmehrheit strikt abgelehnt. Massenproteste entstehen aber auch hier erst, wenn sich die soziale Lage dramatisch verschlechtert. Tatsächlich haben die Militärregierung und die mit ihr verbandelte Wirtschaftselite kein Mittel parat, die Massenverelendung zu unterbinden.

Bislang fehlte dem Protest eine charismatische Führerfigur, die sich nun in Gestalt des nationalen Krickethelden Imran Khan bietet. Er organisierte Demonstrationen gegen den Besuch von Präsident Bush im März 2006 und wurde daraufhin unter Hausarrest gestellt.

Der im englischen Oxford ausgebildete Sportsmann versteht sich als Vermittler zwischen den radikalislamischen Kräften und der Opposition gegen die Regierungspolitik. Ihm scheint es zu gelingen, seine Partei »Gerechtigkeit für Pakistan« (Pakistan Tehrik-i-Insaaf) zu einem Dachverband zu formen, für Religiöse, Liberale, Aktivistinnen der Frauenbewegung und Marxisten. Die zunehmende Radikalisierung Pakistans deutet Khan als Folge der Kooperation mit den USA nach dem ›11. September‹, insbesondere der auf Geheiß Washingtons hin betriebenen Verfolgungswelle, die neben mutmaßlichen Terroristen auch andere dem Regime als unliebsam erscheinende Gruppierungen traf.

Anläßlich des Bush-Besuchs 2006 rief Khan zu einer Großdemonstration in Karatschi auf, an der sich mehr als eine Million Menschen beteiligten. Es ist daher nicht realitätsfern, wenn er versichert, daß der Sturz der Regierung nun auf der Tagesordnung stehe.

Quellen: Ehsan Ahrari, ›India seeking a friend, not a patron‹, *AToL*, 2. März 2006; Iason Athanasiadis, ›A troubled triangle:

Iran, India and Pakistan‹, *AToL*, 22. April 2005; G Balachandran, ›Indo-US Relations: Perception and Reality‹, *Strategic Analysis*, April/Juni 2005; Alok Bansal, ›The Revival of Insurgency in Balochistan‹, *Strategic Analysis*, April/Juni 2005; BBC News, Bush U-turn on Iranian pipeline, http://news.bbc.co.uk/go/pr/fr/-/2/hi/south_asia/4774312.stm; M K Bhadrakumar, ››The Great Game‹ comes to South Asia‹, *AToL*, 24. Mai 2006; Robert Blackwill, ›A New Deal for New Delhi‹, *Wall Street Journal*, 21. März 2005; Robert M Cutler, ›Delhi's options beyond Iran‹, *AToL*, 28. März 2006; EPW Editorial, Indo-US Nuclear Deal: Unprincipled Positions, 18. Februar 2006; Hindustan Times (Delhi), ›Mixed Response to Indo-US Security Pact‹, July 3, 2005; India, Ministry of External Affairs, "The Republic of India and the Islamic Republic of Iran: ›The New Delhi Declaration,‹ 25. Januar 2003; Kaushik Kapisthalam, ›Indian nuclear deal: Bad timing by Bush‹, *AToL*, 1. April 2006; Michael A. Levi, Charles D. Ferguson, U.S.-India Nuclear Cooperation. A Strategy for Moving Forward, Special Report, Council on Foreign Relations, Juni 2006; Arjun Makhijani, ›The US / India Nuclear Pact‹, *Counterpunch*, 4./5. März 2006; Amir Mir, ›War and peace in Waziristan‹, *AToL*, 4. Mai 2005; Gyanendra Pandey, ›India and Pakistan,1947-2002‹, *EPW*, 16. März 2002; Rahul Pandey, ›How Can India Achieve Energy Security?‹, *EPW*, 28. Januar 2006; Lloyd I Rudolph, Susanne Hoeber Rudolph, ›The Making of US Foreign Policy for South Asia‹, *EPW*, 25. Februar 2006; Syed Saleem Shahzad, ›Revolution in the Pakistani mountains‹, *AToL*, 23. März 2006; derselbe, ›Musharraf caught in an arc of turmoil‹, *AToL*, 8. März 2006; derselbe, ›Pakistan battles the forces within‹, AToL, 7. März 2006; United States: CRS Issue Brief for Congress, Pakistan-U.S. Relations, Washington, 14. November 2005; ebenda, CRS Report for Congress, U.S.-India Bilateral Agreements in 2005, Washington, 8. September 2005; ebenda, National Intelligence Council, Report: "Mapping the Global Future"; http://www.cia.gov/nic/NIC_globaltrend2020.html; ebenda, U.S. Department of State, "United States and India Successfully Complete Next Steps in Strategic Partnership," Washington, 18.Juli 2005

Schluß
Vor dem »Big Bang«?

Kämpfe um Ressourcen, Räume und Märkte sind untrennbar mit der Entwicklung des Kapitalismus verbunden; sie sind Grundelemente dieser Produktionsweise. Die Gegenwart macht das deutlich: Staatliche Machtmittel werden eingesetzt, um die wirtschaftlichen Interessen einiger global agierender Konzerne zu sichern. Aber bei den aktuellen Machtkämpfen scheint sich eine Gegenkraft zu formieren zum »westlichen« Imperialismus.

Russischer Staat und russisches Kapital sind im Begriff, durch Staatsverträge und joint-ventures mit Abnehmerländern die Macht der multinationalen Konzerne im Energieweltmarkt zurückzudrängen. Hier kann sich ein internationales Kartell formieren mit profitabler Perspektive für alle Beteiligten. Rußland als Lieferant vermag unabhängig vom bisherigen Einfluß der vornehmlich anglo-amerikanischen Unternehmen Geschäfte abzuschließen; der Kunde bekommt gesicherten Zugang zu einer knapper werdenden Ressource zu Vorzugspreisen. Der russische Staat verbessert somit seine Verhandlungsposition auf internationaler Ebene. Offenbar sind auch andere Produzentenländer an der Übernahme des russischen Modells interessiert, beispielsweise die südamerikanischen Ölstaaten und Nigeria. Aus Sicht der bisher dominierenden Konzerne ist außerdem bedenklich, daß in diesen Ländern der Großteil der fossilen Reserven liegt, so daß sie langfristig mit erheblichen Markteinbußen rechnen müßten.

Und die Volksrepublik China sowie Indien gewinnen an Einfluß in der geopolitischen Konkurrenz, auch im Energiemarkt.

Vor diesem Hintergrund hat der Ölimperialismus der heutigen US-Regierung seine Logik: es geht darum, die Geschäfte der eigenen Konzerne und den Zugriff auf Energie zu sichern.

Die Vereinigten Staaten haben, beflügelt von den Ereignissen des 11. September 2001, einen Wandel hin zu einem autoritären Staat vollzogen. Massive Einschnitte in Bürgerrechte, legalisierte Diskriminierung von Minderheiten, Ausschaltung des Parlaments, Machtanmaßung des Präsidenten und Gleichschaltung der Großmedien lassen nichts Gutes ahnen. Aber der neue Autoritarismus birgt machtpolitische Vorteile: Mußten frühere Regierungen auf die öffentliche Meinung Rücksicht nehmen und geplante Aggressionen als Eintreten für Menschenrechte und Demokratie begründen, woran ihr Handeln gemessen wurde, so kann die Regierung Bush jetzt schiere Machtpolitik betreiben.

Beim gegenwärtigen Machtspiel haben die Vereinigten Staaten die besseren Karten dank ihrer haushohen militärischen Überlegenheit, der Möglichkeit, Finanzmittel aus der Weltwirtschaft abzuschöpfen und des Rückhalts bei den übrigen Mitgliedern der ›westlichen Wertegemeinschaft‹. Aber die Kriege der USA gegen Afghanistan, gegen den Irak und der Stellvertreterkrieg im Nahen Osten sind alles andere als erfolgreich. In keinem Fall konnten stabile Regime implantiert werden, die ohne massive US-Militärpräsenz auskommen könnten. Die russische Variante der Ölpolitik kommt dagegen attraktiver daher, weil sie – soweit erkennbar – keine hegemonialen Machtansprüche über das rein Geschäftliche hinaus stellt.

Die Zeit arbeitet gegen Washington:

- Die wirtschaftlichen Grundlagen, auf denen die militärische Übermacht beruht, zeigen Risse.
- Die Kosten des Empiremanagements steigen ständig, ohne daß der Mehraufwand zur erwünschten Ruhigstellung führt, siehe Irak und Pälastina.
- Im Kontrollraum Naher Osten baut sich eine soziale Widerständigkeit auf, die sich in erster Linie gegen die US-hörigen Regimes richtet.
- In den USA selbst flacht die Woge des »Patriotismus« nach dem 11. September wieder ab und fördert eine neue Nachdenklichkeit, denn allzu offensichtlich hat die Regierung den damaligen Rückhalt für eine Politik ausgenutzt, die ganz andere Ziele als die Eindämmung terroristischer Bedrohungen verfolgt.

Der Zeitkorridor für eine erfolgversprechende US-Machtpolitik ist enger geworden; damit steigt die Wahrscheinlichkeit eines ›big bang‹.

Bibliographische Nachweise

Abkürzungen

AToL	Asia Times Online
EPW	Economic and Political Weekly
FR	Frankfurter Rundschau
FTD	Financial Times Deutschland
LMD	Le Monde Diplomatique (englische Ausgabe)
MERO	Middle East Report Online

Einleitung

Norman Birnbaum, ›Ein Gefangener der eigenen Allmachtsfantasien‹, *FR*, 11. Mai 2006

Michele Brand, ›What's driving the Iranian Nuclear Crisis?‹, *Counterpunch*, 7/9 April 2006

Anirudh Deshpande, ›Modernity, Terrorism and the Masquerade of Conflict‹, *EPW*, 5. April 2003

John Bellamy Foster, ›Imperial America and War‹, *Monthly Review*, Mai 2003

Ritt Goldstein, ›Oil wars Pentagon's policy since 1999‹, *Sydney Morning Herald*, 20. Mai 2003

Peter Grier und Faye Bowers, ›The future of America's imperial reach‹, *The Christian Science Monitor*, 11. April 2003

Ekkehart Krippendorff, ›Angst vor Amerika‹, *Freitag*, 15. Februar 2002

Rahul Mahajan, ›Haditha Is Arabic for My Lai‹, *War Times/Tiempo de Guerras*, Mai 2006

David MacMichael, ›An Unnecessary Crisis: The Iranian Nuclear Showdown‹, *Counterpunch*, 22. März 2006

Kapitel 1

Agence France Press, ›US set to keep base in Djibouti for several years: Rumsfeld‹, 11. Dezember 2002

William Arkin, ›A Global Strike Plan, With a Nuclear Option‹, *Washington Post*, 25. Mai 2005

––, ›Secret Plan Outlines the Unthinkable‹, *Los Angeles Times*, 10. März 2002

Peter Beaumont, ›Now for the Bush Doctrine‹, *The Observer*, 22. September 2002

Gerd Brüggemann, ›Neue nationale Sicherheitsstrategie der USA‹, *Neue Zürcher Zeitung*, 21. September 2002

––, ›Die Bush-Doktrin setzt auf Prävention‹, *NZZ am Sonntag*, 22. September 2002

Zbigniew K. Brzezinski, *Grand Chessboard: American Primacy and Its Geostrategic Imperatives*. New York, 1997

Center for Strategic and International Studies (CSIS), The Geopolitics of Energy into the 21st Century, Washington, 15. Februar 2001

Walid Charara, ›Iran: target zone‹, *LMD*, Januar 2005

Jean-Marie Chauvier, ›Ukraine: a new cold war‹, *LMD*, Januar 2005

Vicken Cheterian, ›US, Russia and China: the great game‹, *LMD*, März 2005

Robert Dreyfuss, ›The Neocons‹ Long War‹, *TomPaine.com*, 8. Februar 2006

Tom Engelhardt, ›A permanent basis for staying in Iraq‹, *AtoL*, 16. Februar 2006

Chris Floyd, ›Pentagon's Plan for Dirty War‹, *Moscow Times*, 28. April 2006

John Bellamy Foster, ›The New Geopolitics of Empire‹, *Monthly Review*, Januar 2006

R G Gidadhubli, ›Central Asia: Great Game Replayed?‹, *EPW*, 14. Januar 2006

Zoltan Grossman , ›New US Military Bases‹, *Counterpunch*, 2. Februar 2002

Seymour M. Hersh, ›How a secret Pentagon program came to Abu Ghraib‹, *The New Yorker*, 25. April 2004

Chalmers Johnson, *The Sorrows of Empire. Militarism, Secrecy, and the End of the Republic*. New York 2004

Zalmay Khalilzad, Abram Shulsky, Daniel Byman, Roger Cliff, David Orletsky, David Shlapak, Ashley Tellis, The United States and a Rising China: Strategic and Military Implications. Rand Report, MR-1082-AF, 1999

Gabriel Kolko, *Another Century of War?* New York, 2002

Ninan Koshy, ›New US Nuclear Doctrine‹, *EPW*, 6. April 2002

Jim Lobe, ›The New American Century: Rest in peace‹, *AToL*, 14. Juni 2006

Ramtanu Maitra, ›US scatters bases to control Eurasia‹, *AToL*, 30. März 2005

David Phinney, ›America In Baghdad‹, *TomPaine.com*, 15. Mai 2006

Thom Shanker und Eric Schmitt, ›Pentagon Expects Long-Term Access to Four Key Bases in Iraq‹, *New York Times*, 19. März 2003

Paul Stuart, Camp Bondsteel and America's plans to control Caspian oil. Centre for Research on Globalisation, 13. Mai 2002

Strobe Talbott, *The Russia Hand. A Memoir of Presidential Diplomacy*. New York 2002

Ann Scott Tyson, ›Pentagon to Rely on Special Operations‹, *New York Times,* 23. April 2006
United States:
Department of Defense, Quadrennial Defense Review Report. Washington, 30. September 2001
--, Antiterrorism Standards. Washington, 14. Juni 2001
--, Base Structure Report. Fiscal Baseline 2001. Washington, ohne Datum
--, National Missile Defense Independent Review Team, Washington, 13. Juni 2000
--, National Missile Defense Review, Washington, 1999
Joint Chiefs of Staff, 2002 Posture Statement, Washington, April 2002
The White House, The National Security Strategy of the United States. Washington, September 2002
--, National Strategy to Combat Weapons of Mass Destruction. Washington, Dezember 2002
United States Senate, Energy and Natural Resources Committee, The Geopolitics of Energy Into the 21st Century. Testimony of Guy F. Caruso, 21. März 2001
Peter Zeihan, ›Russia: After Ukraine‹, *Stratfor,* 10, December 2004

Kapitel 2

Mahan Abedin, ›Ahmadinejad on the warpath‹, *AToL,* 18. Februar 2006
A.H.H. Abidi, ›Relations between India and Iran: 1947-1979‹ in A.K. Pasha (Hrsg.), *India, Iran and the GCC States.* New Delhi, 2000
Ervand Abrahamian, *Khomeinism: Essays on the Islamic Republic.* Berkeley, 1993
Kaveh L Afrasiabi, ›Russia's Iran gamble‹, *AToL,* 18. Januar 2006
--, ›The Iran-Pakistan nexus‹, *AToL,* 13. Januar 2006
Ehsan Ahrari, ›The noose tightens around Iran‹, *AToL,* 2. Februar 2006
M. Shahid Alam, ›Real Men Go to Tehran‹, *Counterpunch,* 17. Januar 2006
Said Amir Arjomand, *The Turban for the Crown: The Islamic Revolution in Iran.* Oxford, 1988
Shaul Bakhash, *The Reign of the Ayatollahs: Iran and the Islamic Revolution.* New York, 1984
Assef Bayat, *Workers and Revolution in Iran.* London, 1987
Eas Bokhari, ›Russian Arms & Technology transfers to Iran‹, *Defence Journal,* August 2001
Francis A. Boyle, ›US Foreign Policy Toward the Iran/Iraq War‹, *Counterpunch,* 14. Dezember 2002
Walid Charara, ›Iran: target zone‹, *LMD,* Januar 2005
Joseph Cirincione, ›The US's nuclear cave-in‹, *AToL,* 4. März 2006

Paul-Marie de la Gorce, ›Iran: encircled and under pressure‹, *LMD*, Juli 2003

F. William Engdahl, ›Calculating the Risk of War in Iran‹, *AToL*, 29. Januar 2006

EPW Editorial, ›Iran Affair: US Machinations‹, 11. Februar 2002

—, ›India-Iran Relations: Pragmatic Turn‹, 21. April, 2001

Farideh Farhi, ›Iran's Nuclear File: The Uncertain Endgame‹, *Middle East Report Online*, 24.Oktober 2005

Financial Times Deutschland, Dossier: Darum geht es im Atomstreit mit Iran, 11. Januar 2006

Mark Gasiorowski, *U.S. Foreign Policy and the Shah: Building a Client State in Iran.* Ithaca, 1991

Kurt Greussing, ›Einleitung – Neue Politik, alter Despotismus. Perspektiven der islamischen Revolution im Iran‹ in Religion und Politik im Iran. mardom nameh – Jahrbuch zur Geschichte und Gesellschaft des Mittleren Orients. Herausgegeben vom Berliner Institut für Vergleichende Sozialforschung. Frankfurt/Main, 1981

Zoltan Grossman, ›Khuzestan: The first front in the war against Iran?‹, *ZNet*, 7. November 2005

Fred Halliday, *Iran: Dictatorship and Development.* Harmandsworth, 1979

Seymour M. Hersh, ›The Coming Wars. What the Pentagon can now do in secret‹, *The New Yorker*, 24. Januar 2005

Dilip Hiro, *Iran under the Ayatollahs.* San Jose, 2000

Bernard Hourcade, ›Iran: a spring of change‹, *LMD*, Februar 2004

Ali A. Jalali, ›The Strategic Partnership of Russia and Iran‹, *Parameters*, Winter 2001-02

Ahmed Janabi, ›US-India deal ›undermines‹ Iran case‹, *Aljazeera Net*, 4. März 2006

Nikki Keddie, *Iran and the Muslim World: Resistance and Revolution.* London, 1995

—, ›Das Erbe des Midas: Schwarzes Gold, Ökonomie und Politik der »Weißen Revolution« – Krise und Ende des Schah-Regimes‹ in Revolution in Iran und Afghanistan. mardom nameh – Jahrbuch zur Geschichte und Gesellschaft des Mittleren Orients. Herausgegeben vom Berliner Institut für Vergleichende Sozialforschung. Frankfurt/Main, 1980

Mohd. Naseem Khan, ›Vajpayee's Visit to Iran: Indo-Iranian Relations and Prospects of Bilateral Cooperation‹, *Strategic Analysis*, September 2001

Michael T. Klare, ›Oil, Geopolitics, and the Coming War with Iran‹, *TomDispatch.com*, 11. April 2005

Sami Moubayed, ›Iran and the art of crisis management‹, *AToL*, 19. Januar 2006

Farah Naaz, ›Indo-Iranian Relations: Vital factors in the 1990s‹, *Strategic Analysis*, Mai 2001

Bahman Nirumand, ›Politik der leisen Töne‹, *Die Zeit,* Nr. 36, 29.08.1997
Jehangir Pocha, ›Friends in Need. Iran and India move closer‹, *In These Times*, 19. August 2003
Hooman Peimani, ›Russia goes its own way on Iran‹, *AToL*, 7. August 2002
Mark Perry, ›The wolf, the goat, and Iran's revived nuclear program‹, *The Daily Star* (Beirut), 20. Januar 2006
James Petras, ›Israel's War Deadline: Iran in the Crosshairs‹, *Global Research*, December 2005
John Pilger, ›Iran: The next war‹, *Information Clearing House*, 19. Februar 2006
Ignacio Ramonet, ›Iran: the wrong threat‹, *LMD*, Februar 2005
Cyrus Safdari, ›Iran needs nuclear energy, not weapons‹, *LMD*, November 2005
Salama A Salama, ›Tehran stands its ground‹, *Al Ahram Weekly*, 19. – 25. Januar 2006
Ahmad Salamatian, ›Iran and Iraq: the limits on Shia power‹, *LMD*, Juli 2005
April Witt, ›As U.S. Retreats, Iran Puts Its Money Into Afghan Province‹, *Washington Post*, 17. Juni 2003

Kapitel 3:
US-Domäne Naher Osten

Tariq Ali, *Bush in Babylon. The Recolonisation of Iraq.* London, 2003
Samir Amin, ›U.S. Imperialism, Europe, and the Middle East‹, *Monthly Review*, November 2004
Issandr El Amrani, ›Controlled Reform in Egypt: Neither Reformist nor Controlled‹, *MERO*, 16. Dezember 2005
Joel Beinin, ›Popular Social Movements and the Future of Egyptian Politics‹, *MERO*, 10. März 2005
Sheila Carapico, ›Forecasting Mass Destruction, from Gulf to Gulf‹, *MERO*, 29. September 2005
Frederic F Clairmont, Iraq: The End of Empire, EPW, 20. September 2003
Patrick L. Clawson, ›Oil Resources: Markets, Politics, and Policies‹ in *The Global Century. Globalization and National Security*, herausgegeben von Richard L. Kugler und Ellen L. Frost, National Defense University, Washington, 2001
Helena Cobban, ›Waiting for War in Damascus‹, *Boston Review*, Februar/März 2003
Robert Fisk, *The Great War for Civilisation. The Conquest of the Middle East.* London, 2005

Mona El-Ghobashy, ›Egypt's Summer of Discontent‹, *MERO*, September 2003

Stephen Gowans, ›Why Iran?‹, *San Francisco Indymedia*, 21. Januar 2006

Youssef M. Ibrahim, ›Beware the Democrat neo-cons‹, *The Washington Times*, 1. Juli 2005

Fawzia Afzal Khan, ›Zionism, US Imperialism and Islamic Fundamentalism‹, *Counterpunch*, 1. Dezember 2003

M. Kornegay, ›Superpower in search of alternatives to OPEC‹, *Alexander's Gas & Oil Connections*, 5. September 2002

Jawid Laiq, ›High Explosive Hysteria. American Way of War‹, *EPW*, 3. Mai 2003

Peter Lagerquist with Tom Hill, ›Après Nous: Covering the Colonial Retreat‹, *MERO*, 19. Mai 2005

Saidel Loftfian, ›Iran's Middle East Policies under President Khatami‹, *The Iranian Journal of International Affairs*, Winter 1998/99, vol. 10, no. 4

Emad Mekay, ›Study blasts US pro-Israel lobby‹, *AToL*, 24. März 2006

Ken Miller, ›Wall Street Doesn't Like This War‹, *TomPaine. com*, 13. Juni 2006

Gareth Porter, ›Iran Nuclear Conflict Is About US Dominance‹, *antiwar.com*, 12. Mai 2006

––, ›How Neocons Sabotaged Iran's Help on al-Qaeda‹, *antiwar.com*, 23. Februar 2006

Tom Porteous, ›Losing The Long War‹, *TomPaine. com*, 30. Mai 2006

Michael Renner, Erik Leaver und Bo Palmer, ›Control of Oil Revenues‹, *Foreign Policy in Focus*, September 2003

Taufiq Subhan, ›US-Saudi Arabia Relations: Coming of Age‹, *EPW*, 13. September 2003

United States, Congressional Research Service, Conventional Arms Transfers to Developing Nations, 1990-1997, 31. Juli 1998

Bob Woodward, *Plan of Attack*. New York, 2004

––, *Bush At War*. New York, 2002

Stephen Zunes, ›Israel not to blame for Iraq mess‹, *AToL*, 11. Januar 2006

Kampf um Ressourcen

Werner Biermann, Arno Klönne, *Kapitalverbrechen. Zur Kriminalgeschichte des Kapitalismus*. 3. Auflage, Köln, 2006; Kapitel: Öl-Treibstoff des Imperialismus

Javier Blas, ›IMF says that surging demand and falling supply could spark ›permanent oil shock‹, *Financial Times*, 8. April 2005

Fadhil J. Chalabi, ›Oil and Development Policy in Saudi Arabia‹, Centre for Global Energy Studies, London, 13. Juni 2000

China Business Weekly, ›China to diversify foreign exchange reserves‹, 8. Mai 2004

William R. Clark, ›Petrodollar Warfare: Dollars, Euros and the Upcoming Iranian Oil Bourse‹, *mediamonitors*, 8. August 2005

Chris Cook, ›What the Iran ›nuclear issue‹ is really about‹, *AToL*, 21. Januar 2006

Anthony H. Cordesman and Khalid R. Al-Rodhan, *The Global Oil Market. Risks and Uncertainties.* Washington, März 2006

Deutsche Bank, Baghdad Bazaar. Big Oil in Iraq?, Frankfurt/Main, 21. Oktober 2002

F William Engdahl, *A Century of War. Anglo-American Oil Politics and the New World Order.* London, 2004, besonders Kapitel 13: A New Millenium for Oil Geopolitics

—, Why Iran's oil bourse can't break the buck, AToL, 10. März 2006

Joshua Frank, ›Of Nukes and Oil‹, *Counterpunch*, 26. Januar 2006

Richard Heinberg, *The Party's Over. Oil, War and the Fate of Industrial Societies.* Forest Row, 2003

Claus Hecking, ›Ölexperten erwarten weiteres Boomjahr‹, *FTD*, 10. Januar 2006

International Energy Agency, World Energy Outlook 2005 Edition, Paris, 2005

—, World Energy Investment Outlook, Paris 2003

—, Oil Market Report, 17. Januar 2006; 13 June 2006

—, End-user Petroleum Product Prices and Average Crude Oil Import Costs, Mai 2006

—, Monthly Oil Survey, März 2006

—, Monthly Natural Gas Survey, März 2006

Michael T. Klare, *Resource Wars. The New Landscape of Global Conflict.* New York, 2001

—, ›Oil, Geopolitics, and the Coming War with Iran‹, *Energy Bulletin*, 12. April 2005

LB-Systemtechnik, Fossile Energiereserven (nur Erdöl und Erdgas) und mögliche Versorgungsengpässe aus Europäischer Perspektive. Endbericht, im Auftrag des Deutschen Bundestages, des Ausschusses für Bildung, Technik und Technikfolgenabschätzung, Ottobrunn, 2000

Cóilín Nunan, ›Trading oil in euros – does it matter?‹, *Energy Bulletin*, 30. Januar 2006

OPEC, Long-Term Strategy, Wien, März 2006

—, Annual Report, Wien, 2004

—, Annual Statistical Bulletin, Wien, 2004

—, Monthly Oil Market Report, Mai 2006

—, Market Indicators, Dezember 2005

Krassimir Petrov, ›The Proposed Iranian Oil Bourse‹, *Energy Bulletin*, 18. Januar 2006

Gordon Prather, ›Currency War‹, *antiwar.com*, 21. Januar 2006
Paul Sperry, *Crude Politics: How Bush's Oil Cronies Hijacked the War on Terrorism.* New York, 2003
Tehran Times, ›Iran oil bourse wins authorization‹, 26. Juli 2005
Martin Walker, ›Iran's Really Big Weapon‹, *UPI*, 18. Januar 2006
United States:
—, Department of Energy, Energy Information Administration, Country Analysis Briefs: Iran, Washington 2003
—, Department of Energy, Energy Information Administration, Country Analysis Briefs: China, Washington 2003
—, The White House, National Energy Policy Development Group, Reliable, Affordable, and Environmentally Sound Energy for America's Future, Washington, Mai 2001
—, U.S. Army Engineer Research and Development Center (ERDC), Energy Trends and Their Implications for U.S. Army Installations, Washington, September 2005

Kapitel 4:
Der russische Rivale

M K Bhadrakumar, ›Russia's search for collective security‹, *AToL*, 30. Mai 2006
Sergei Blagov, ›Russia's move on energy chessboard‹, *AToL*, 4. Februar 2006
—, ›Russia gains big in Central Asian gas game‹, *AToL*, 12. April 2003
—, ›Russia eyes billions in transport connection‹, *AToL*, 8.Mai 2003
—, ›Moscow revitalizes its old priorities in Asia‹, *AToL*, 6. Februar 2002
Federico Bordonaro, ›Russi's lethal gas weapon‹, *AtoL*, 4. Januar 2006
—, ›Blue Stream opens new horizons for Russia‹, *AToL*, 23. November 2005
Jeremy Bransten, ›China-Russia summit: Giants strengthen ties‹, *AToL*, 28. Mai 2003
Timothy J. Colton and Michael McFaul, ›America's Real Russian Allies‹, *Foreign Affairs*, November 2001
Simon Cooper, ›Uncanny Reflection – The Destruction of Chechnya‹, *Arena*, Dezember 1999
Council on Foreign Relations, Russia's Wrong Direction: What the United States Can and Should Do, New York 2006
Chrystia Freeland, *Sale of the Century. The Inside Story of the Second Russian Revolution.* London, 2001
R G Gidadhubli, ›Russia: Oil and Politics‹, *EPW*, 24. Mai 2003
—, ›Russia's Military Industrial Complex‹, *EPW*, 29. Juni 2002
Karl Grobe, ›Keine Rückkehr nach Eurasien‹, *FR*, 22. Februar 2006

Nigel Harris, ›Russia: Crashing into the Modern World‹, *EPW*, 18. August 2001
Andrew Jack, Judy Dempsey, ›Russia defies US over Iran nuclear deal‹, *Financial Times*, 5. Juni 2003
Rian Jensen and Erich Marquardt, ›The Sino-Russian romance‹, *AToL*, 21. März 2006
Lena Jonson and Murad Esenov (Hrsg.), *Chechnya: The International Community and Strategies for Peace and Stability*. The Swedish Institute of International Affairs, Stockholm 2000
Rafael Kandiyoti, ›Moscow and Beijing, Asia's Roaring Economies‹, *LMD*, Mai 2005
—, ›Asia: in the pipeline‹, *LMD*, Mai 2005
Lynne Kiesling and Joseph Becker, Russia's Role in the Shifting World Oil Market, Caspian Studies Program, Policy Brief Number 8, 2003
Anatol Lieven, *Chechnya. Tombstone of Russian Power*. New edition, New Haven und London 1999
Erich Marquardt, ›The Sino-Russian romance‹, *AToL*, 21. März 2006
Patrick G Moore, ›China gets its pound of Russian flesh‹, *LMD*, März 2006
Dmitry Slobodanuk, ›Russian Authorities Determined to Control Oil Oligarchs‹, *Pravda*, 25. Februar 2003
Stratfor.com, ›Russia: After Ukraine‹, December 10, 2004
W. Joseph Stroupe, ›The Kremlin and the world energy war‹, *AToL*, 10. Januar 2006
Strobe Talbott, *The Russia Hand. A Memoir of Presidential Diplomacy*. New York, 2002
Sabrina Tavernise, ›Handful of Corporate Raiders Transform Russia's Economy‹, *New York Times*, 13. August 2002
Ronan Thomas, ›Kazakhstan in black and white‹, *AToL*, 6. Dezember 2005
Timothy L. Thomas, ›Russian National Interests and the Caspian Sea‹, *Perceptions*, Dezember 1999, Vol. IV, Nr. 4
U.S.-Russia Relations Study Croup, Russia: Its Place in the 21st Century and the Implications for the United States, Hudson Institute, Washington, 1. Juni 2001
Dmitri V. Trenin, *Russland. Die gestrandete Weltmacht. Neue Strategien und die Wende zum Westen*. Deutsch von Bernd Rullkötter, Hamburg, 2005

China im Aufstieg

Kaveh L Afrasiabi, ›China's energy insecurity and Iran's crisis‹, *AToL*, 10. Februar 2006
—, ›China rocks the geopolitical boat‹, *AToL*, 6. November 2004
Ehsan Ahrari, ›The importance of Central Asia to China‹, *AToL*, 13. März 2003

—–, ›China, Russia and Pax Americana‹, *AToL*, 2. August 2002
Jyotsna Bakshi, ›Shanghai Co-operation Organisation (SCO) Before and After September 11‹, *Strategic Analysis*, April/Juni 2002
—–, ›Sino-Russian Strategic Partnership in Central Asia: Implications for India‹, *Strategic Analysis*, Mai 2001
Mark Berniker, ›China's hunger for Central Asian energy‹, *AToL*, 11. Juni 2003
Martine Bulard, ›China breaks the iron rice bowl‹, *LMD*, Januar 2006
Martine Bulard, ›China: middle kingdom, world centre‹, *LMD*, August 2005
Mark Christopher, ›Appetite for Oil: China ravenous and dangerous‹, *Houston Chronicle*, 7. Mai 2005
Robert E. Ebel, *China's Energy Future: The Middle Kingdom Seeks Its Place in the Sun.* New York 2005
F William Engdahl, ›China lays down gauntlet in energy war‹, *AToL*, 21. Dezember 2005
Human Rights Watch, Sudan, Oil and Human Rights, September 2003
Institute for International Economics (IIE) und Center for Strategic and International Studies (CSIS), *China: The Balance Sheet.* Washington, April 2006
Purnendra Jain, A ›little NATO‹ against China, *AToL*, 18. März 2006
Thomas Klau, ›US-Studie wertet China als größte Bedrohung‹, *FTD*, 6. Februar 2006
Liu Kunzhe und Sabine Muscat, ›Öl und Gas binden Peking an Teheran‹, *FTD*, 10. Mai 2006
Qiao Liang and Wang Xiangsui, *Unrestricted Warfare.* Peking, 1999
Richard McGregor, Andrew Yeh und Nils Kreimeier, ›Chinas Präsident buhlt in Russland um Öllieferungen‹, *FTD*, 30. Juni 2005
Sabine Muscat, ›China probt in Asien die Weltmachtrolle‹, *FTD*, 29. November 2004
Matthew Oresman, ›Day of reckoning for China-Central Asia group‹, *AToL*, 24. Mai 2003
Esther Pan, Sino-Russian Energy Ties, Council on Foreign Relations, 5. April 2006
Esther Pan, China, Africa, and Oil, Council on Foreign Relations, 12. Januar 2006
Jean-Claude Pomonti, ›An Asian Regional Power begins to emerge‹, *LMD*, Dezember 2005
Sudha Ramachandran, ›China's pearl in Pakistan's waters‹, *ATol*, 4. März 2005
Mark Schieritz, ›China: Die Weltwirtschaft hat ein neues Zentrum‹, *FTD*, 30. November 2004
Jean-Christophe Servant, ›China's trade safari in Africa‹, *LMD*, Mai 2005

United States, Department of Defense, Annual Report on the Military Power of the People's Republic of China, 28. Juli 2003
Jeffrey Wasserstrom, ›Chinas schöne neue Welt‹, *FTD*, 21. Februar 2006
Michael A. Weinstein, ›China's Geostrategy: Playing a Waiting Game‹, *Power and Interest News Report*, 7. Januar 2005
Nakagawa Yumiko, ›Sino-U.S. Relations and Regional Security‹, *Issues & Insights*, Januar 2005
Yiching Wu, ›Rethinking ›Capitalist Restoration‹ in China‹, *Monthly Review*, November 2005
David Zweig and Bi Jianhai, ›China's Global Hunt for Energy‹, *Foreign Affairs*, September/Oktober 2005

Konfliktbogen Kaukasus – Zentralasien

Lionel Beehner, The Rise of the Shanghai Cooperation Organization, Council on Foreign Relations, 12. Juni 2006
Lionel Beehner, Asia: U.S. Military Bases in Central Asia, Council on Foreign Relations, 26. Juli 2005
M K Bhadrakumar, ›Revolutions gone astray in Eurasia‹, *AToL*, 31. März 2006
––, ›Catalysts of conflict in Central Asia‹, *AToL*, 2. Juni 2005
Sergei Blagov, ›Russia says ›nyet‹ to military in the Caspian‹, *AToL*, 21. März 2006
––, ›Russia makes waves in the Caspian‹, *AToL*, 18. August 2002
Federico Bordonaro, ›Kazakhstan and ›the new great game‹, *AToL*, 10. März 2006
––, ›Why Russia must be strong‹, *AToL*, 23. Februar 2006
Sergey Borisov, ›USA needs Georgia because of Iraq‹, *Pravda*, 1. März 2002
Vicken Cheterian, ›Uncontested ruler of Azerbaijan‹, *LMD*, Februar 2006
––, ›Central Asia's five fragile states‹, *LMD*, März 2005
Ariel Cohen, ›Pipeline Politics in Eurasia‹, *Caspian Crossroads*, Vol. 2, Nr.1, 1996
Bruno Coppieters(Hrg.), *Contested Borders in the Caucasus.* Brüssel, 1996
Molly Corso, ›Georgian-Russian Relations Continue to Deteriorate‹, *Power and Interest News Report*, 7. Dezember 2005
P L Dash, ›Central Asian Republics. Discord over Riverine Resources‹, *EPW*, 8. Februar 2003
Jaba Devdariani, ›Georgia on a Fault Line‹, *Perspective*, January - February 2003
dpa, Bush bietet Georgien umfassende Hilfe an, 10. Mai 2005
Pepe Escobar, ›In the heart of Pipelineistan‹, *AToL*, 17. März 2006

Pepe Escobar, Iran takes over Pipelineistan, AToL, 10. September 2005
—, ›Pipelineistan's biggest game begins‹, *AToL*, 26. Mai 2005
Adam Federman, ›The US Footprint in Central Asia‹, *Counterpunch*, 4. Dezember 2003
Michael A. Hall, ›Tajikistan: The Mirage of Stability‹, *Perspective*, September 2003
Rovshan Ismayilov, ›Trade, Investment Take Center Stage at Russia-Azerbaijan Summit‹, *Eurasianet. org*, 28. Februar 2006
Sergei Ivanov, ›Russia Must Be Strong‹, *Wall Street Journal*, 11. Januar 2006
Rian Jensen and Erich Marquardt, ›The Sino-Russian romance‹, *AToL*, 21. März 2006
Marcin Kaczmarski, ›Russia Creates a New Security System to Replace the C.I.S.‹, *Power and Interest News Report*, 21. Dezember 2005
Deniz Kandiyoti, ›Uzbekistan: beyond survival‹, *LMD*, Juni 2005
Rama Sampath Kumar, ›Central Asia: Impact of US-Led War on Terrorism‹, *EPW*, 17. August 2002
Gary Leupp, ›The Fall of Shevardnadze‹, *Counterpunch*, 4. Dezember 2003
Poonam Mann, ›Islamic Movement of Uzbekistan: Will it Strike Back?‹, *Strategic Analysis*, April/Juni 2002
Jim Nichol, CRS Report: Regional Developments and Implications for U.S. Interests in Central Asia, Council on Foreign Relations, 1. Dezember 2005
Olga Oliker, David A. Shlapak, U.S. Interests in Central Asia. Policy Priorities and Military Roles. Prepared for the United States Air Force, Rand Corporation, 2005
Hooman Peimani, ›Iran stakes a claim to the Silk Road‹, *AToL*, 14. August 2003
—, ›Military buildup ends US-Russian honeymoon‹, *AToL*, 29. August 2002
S.Porsi, ›The establishment of the Asian Alliance‹, *Pravda*, 8. Mai 2002
RIA Novosti, Russia, Azerbaijan reach strategic partnership level – official, 19. Februar 2006
John Roberts, Caspian Pipelines. The Royal Institute of International Affairs, London, 1996
Eugene Rumer, ›The U.S. Interests and Role in Central Asia after K2‹, *The Washington Quarterly*, Sommer 2006
Meena Singh Roy, ›India's Interests in Central Asia‹, *Strategic Analysis*, Juli/September 2002
Boris Rumer (Hrsg.), , *Central Asia: A Gathering Storm?*. Neu Delhi, 2003
Boris Rumer und Stanislav Zhukov (Hrsg.), *Central Asia: The Challenges of Independence*. Neu Delhi, 2003
Roald Z. Sagdeev & Susan Eisenhower (Hrsg.), *Central Asia: Conflict, Resolution, and Change.*, New York, 1995

Ken Stier, ›US quietly puts down roots in Georgia‹, *Christian Science Monitor*, 17. Mai 2002

United States:

––, CRS Report for Congress, Caspian Oil and Gas: Production and Prospects; März 2005

––, CRS Issue Brief for Congress, Central Asia: Regional Developments and Implications for U.S. Interests, 1. Dezember 2005

––, CRS Issue Brief for Congress, Armenia, Azerbaijan, and Georgia: Political Developments and Implications for U.S. Interests, 15. Juni 2005

––, Energy Information Administration, Caspian Sea Region Legal Issues, Juni 2000

––, House of Representatives, Subcommittee on Asia and the Pacific, Committee on International Relations, Hearing On US Interests In The Central Asian Republics, 12. Februar 1998

Sun Zhuangzhi, ›US Strategy in Central Asia‹, *Beijing Review*, Vol. 43, Nr. 26, Juni 2000

Avtandil Svanidze, ›The Great Pipeline Game. Georgia: Victor or Victim?‹, *Analyst*, 31. Januar 2001

Neue und alte Frontstaaten: Indien, Pakistan, Afghanistan

Agence France Presse, «India Helping Iran With Nuclear Energy Program – Foreign Minister," Dec. 13, 2003

Ehsan Ahrari, ›Pakistan-India nuclear rivalry heats up‹, *AToL*, 6. März 2006

––, ›India seeking a friend, not a patron‹, *AToL*, 2. März 2006

Iason Athanasiadis, ›A troubled triangle: Iran, India and Pakistan‹, *AToL*, 22. April 2005

Chietigj Bajpaee, ›India held back by wall of instability‹, *AToL*, 1. Juni 2006

G Balachandran, ›Indo-US Relations: Perception and Reality‹, *Strategic Analysis*, April/Juni 2005

Alok Bansal, ›The Revival of Insurgency in Balochistan‹, *Strategic Analysis*, April/Juni 2005

BBC News, Bush U-turn on Iranian pipeline, http://news.bbc.co.uk/go/pr/fr/-/2/hi/south_asia/4774312.stm

Rahul Bedi, ›India and China Vie for Regional Supremacy‹, *Jane's Intelligence Review*, June 10, 2005

M K Bhadrakumar, ›The Great Game‹ comes to South Asia‹, *AToL*, 24. Mai 2006

Robert Blackwill, ›A New Deal for New Delhi‹, *Wall Street Journal*, 21. März 2005

Robert M Cutler, ›Delhi's options beyond Iran‹, *AToL*, 28. März 2006
EPW Editorial, Indo-US Nuclear Deal: Unprincipled Positions, 18. Februar 2006
Prabhu Ghate, ›Kashmir: The Dirty War‹, *EPW*, 26. Januar 2002
Hindustan Times (Delhi), ›Mixed Response to Indo-US Security Pact‹, July 3, 2005
India:
––, Ministry of Defense, Annual Report 2003-2004, released May 2, 2005
––, Ministry of External Affairs, «The Republic of India and the Islamic Republic of Iran: ›The New Delhi Declaration,‹ 25. Januar 2003
Kaushik Kapisthalam, ›Indian nuclear deal: Bad timing by Bush‹, *AToL*, 1. April 2006
Michael A. Levi, Charles D. Ferguson, U.S.-India Nuclear Cooperation. A Strategy for Moving Forward, Special Report, Council on Foreign Relations, Juni 2006
Arjun Makhijani, ›The US / India Nuclear Pact‹, *Counterpunch*, 4./5. März 2006
Amir Mir, ›War and peace in Waziristan‹, *AToL*, 4. Mai 2005
Gyanendra Pandey, ›India and Pakistan,1947-2002‹, *EPW*, 16. März 2002
Rahul Pandey, ›How Can India Achieve Energy Security?‹, *EPW*, 28. Januar 2006
Lloyd I Rudolph, Susanne Hoeber Rudolph, ›The Making of US Foreign Policy for South Asia‹, *EPW*, 25. Februar 2006
Syed Saleem Shahzad, ›Revolution in the Pakistani mountains‹, *AToL*, 23. März 2006
––, ›Musharraf caught in an arc of turmoil‹, *AToL*, 8. März 2006
––, ›Pakistan battles the forces within‹, AToL, 7. März 2006
Siddharth Srivastava, ›India, US rally for their nuclear deal‹, *AToL*, 24. März 2006
––, ›India spreads its net for gas, any gas‹, *AToL*, 23. Februar 2006
––, ›India, Pakistan dig in over pipeline‹, *AToL*, 15. Juli 2005
––, ›US plays spoiler in India-Pakistan pipeline accord‹, *AToL*, 16. Juni 2005
United States:
––, CRS Issue Brief for Congress, Pakistan-U.S. Relations, Washington, 14. November 2005
––, CRS Report for Congress, U.S.-India Bilateral Agreements in 2005, Washington, 8. September 2005
––, National Intelligence Council, Report: «Mapping the Global Future"; http://www.cia.gov/nic/NIC_globaltrend2020.html
––, The 9/11 Commission Report, Final Report of the National Commission on Terrorist Attacks upon the United States. Authorized Edition, New York, 2004,

--, U.S. Department of State, «United States and India Successfully Complete Next Steps in Strategic Partnership," Washington, 18.Juli 2005

S Akbar Zaidi, ›State, Military and Social Transition. Improbable Future of Democracy in Pakistan‹, *EPW*, 3. Dezember 2005

Register